Easy Learning Design Patterns Javascript

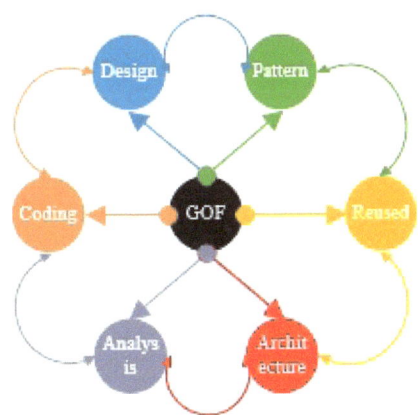

YANG HU

Simple is the beginning of wisdom. This book briefly explain the concept, and vividly cultivate programming interest, this book deeply analyzes Design Patterns Javascript, you will learn it easy fast and well.

http://en.verejava.com

Copyright © 2019 Yang Hu

All rights reserved.

ISBN: 9781099972591

Download Javascript Desgin Pattern Image.zip all images for this book.
http://en.verejava.com/download.jsp?id=1

CONTENTS

1. Strategy Pattern Principle 3
2. Strategy Pattern Case 6
3. Composition Pattern Principle 11
4. Composition Pattern Case 14
5. Singleton Pattern Principle 19
6. Singleton Pattern Case 20
7. Template Pattern Principle 23
8. Template Pattern Case 25
9. Factory Pattern Principle 29
10. Factory Pattern Case 32
11. Builder Pattern Principle 36
12. Builder Pattern Case 39
13. Adapter Pattern Principle 44
14. Adapter Pattern Case 46
15. Facade Pattern Principle 50
16. Facade Pattern Case 53
17. Decorator Pattern Principle 57
18. Decorator Pattern Case 59
19. Shallow Clone Pattern Principle 66
20. Deep Clone Pattern Principle 70
21. Clone Pattern Case 74
22. Bridge Pattern Principle 76
23. Bridge Pattern Case 80
24. FlyWeight Pattern Principle 87
25. FlyWeight Pattern Case 89
26. Chain Pattern Principle 91
27. Chain Pattern Case 94
28. Command Pattern Principle 97

29. Command Pattern Case 99
30. Iterator Pattern Principle 101
31. Iterator Pattern Case 104
32. Mediator Pattern Principle 106
33. Mediator Pattern Case 109
34. Memento Pattern Principle 114
35. Memento Pattern Case 118
36. Observer Pattern Principle 123
37. Observer Pattern Case 126
38. Visitor Pattern Principle 131
39. Visitor Pattern Case 135
40. State Pattern Principle 138
41. State Pattern Case 140
42. Proxy Pattern Principle 144
43. Proxy Pattern Case 146

If you want to learn this book, you must have basic knowledge of HTML CSS JavaScript, you can learn book: << Easy Learning HTML CSS JavaScript>>

https://www.amazon.com/dp/B08HTF1J52

If you already have basic knowledge of HTML CSS JavaScript, skip it, start an exciting journey

Strategy Pattern Principle

Strategy Pattern: Encapsulates an algorithm inside a class. Define a family of algorithms, encapsulate each one, and make them interchangeable. Strategy lets the algorithm vary independently from clients that use it.

1. Calculate Strategy Addition, subtraction, multiplication, division

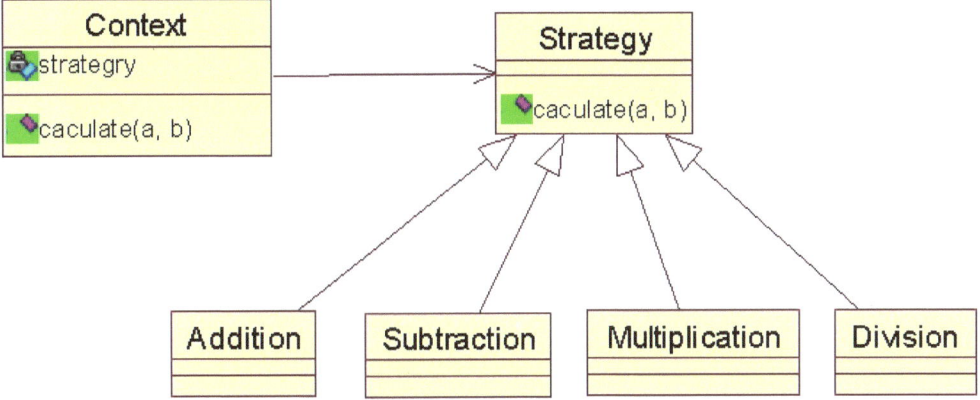

1. Create a **TestStrategy1.html** with **Notepad** and open it in your browser

```html
<script type="text/javascript">
  function Addition(){
    this.caculate = function(a, b){
      return a + b;
    }
  }

  function Subtraction(){
    this.caculate = function(a, b){
      return a - b;
    }
  }

  function Multiplication(){
    this.caculate = function(a, b){
      return a * b;
    }
  }
```

```javascript
function Division(){
    this.caculate = function(a, b){
        return a / b;
    }
}

function Context(strategy){
    this.strategy = strategy;

    this.caculate = function(a, b){
        return this.strategy.caculate(a, b);
    }
}
//////////////////////////// test ////////////////////////////
var context = new Context(new Addition());
var result = context.caculate(4, 2);
document.write(result + "<br>");

var context = new Context(new Subtraction());
var result = context.caculate(4, 2);
document.write(result + "<br>");

var context = new Context(new Multiplication());
var result = context.caculate(4, 2);
document.write(result + "<br>");

var context = new Context(new Division());
var result = context.caculate(4, 2);
document.write(result + "<br>");
</script>
```

Result:

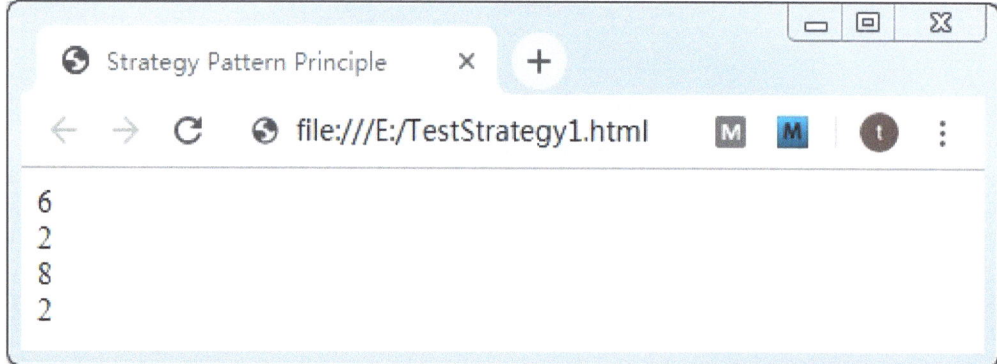

2. Anther way create a TestStrategy2.html with Notepad and open it in your browser

```html
<script type="text/javascript">
  var strategy = {

    "Addition" : function(a, b){
       return a + b;
    },
    "Subtraction" : function(a, b){
       return a - b;
    },
    "Multiplication" : function(a, b){
       return a * b;
    },
    "Division" : function(a, b){
       return a / b;
    }
  };

  var context = function( key, a, b ){
     return strategy[key](a, b);
  };
//////////////////////////// test ////////////////////////////
  var result = context("Addition", 4, 2);
  document.write(result + "<br>");

  var result = context("Subtraction", 4, 2);
  document.write(result + "<br>");

  var result = context("Multiplication", 4, 2);
  document.write(result + "<br>");

  var result = context("Division", 4, 2);
  document.write(result + "<br>");
```

Strategy Pattern Case

1. Actual Case: E-commerce chooses different banks to pay different strategies for implementation

2. UML Diagram

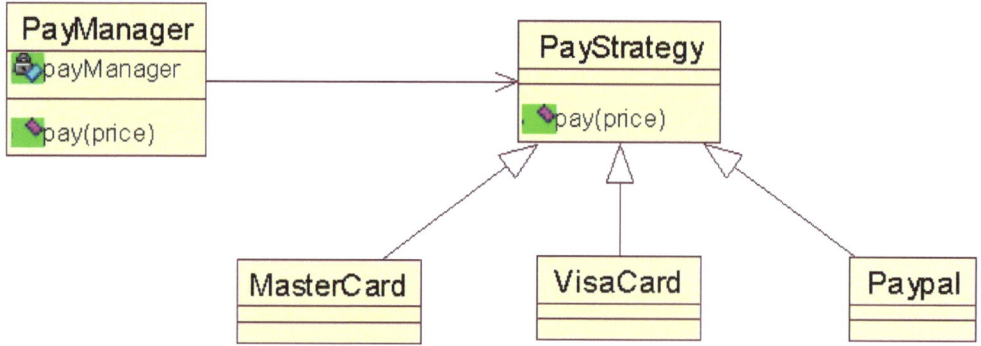

1. Create a TestStrategyCase1.html with Notepad and open it in your browser

```html
<input type="radio" name="card" value="MasterCard" onclick="doTestPay(this)" />
<img src="images/mastercard.jpg" />
<input type="radio" name="card" value="VisaCard" onclick="doTestPay(this)" />
<img src="images/visacard.jpg" />
<input type="radio" name="card" value="Paypal" onclick="doTestPay(this)" />
<img src="images/paypal.jpg" />
<br>
<span id="result"></span>

<script type="text/javascript">
  function MasterCard(){
    this.pay = function(price){
      document.getElementById("result").innerHTML = "Pay " + price + " $ by MasterCard";
    }
  }
```

```javascript
function VisaCard(){
    this.pay = function(price){
        document.getElementById("result").innerHTML = "Pay " + price + " $ by VisaCard";
    }
}

function Paypal(){
    this.pay = function(price){
        document.getElementById("result").innerHTML = "Pay " + price + " $ by Paypal";
    }
}

function PayManager(payStrategy){
    this.payStrategy = payStrategy;

    this.pay = function(price){
        return this.payStrategy.pay(price);
    }
}
//////////////////////////// test ////////////////////////////
function doTestPay(obj){
    if(obj.value == "MasterCard"){
        var payManager = new PayManager(new MasterCard());
        payManager.pay(100);
    }

    if(obj.value == "VisaCard"){
        var payManager = new PayManager(new VisaCard());
        payManager.pay(100);
    }

    if(obj.value == "Paypal"){
        var payManager = new PayManager(new Paypal());
        payManager.pay(100);
    }
}
</script>
```

Result:

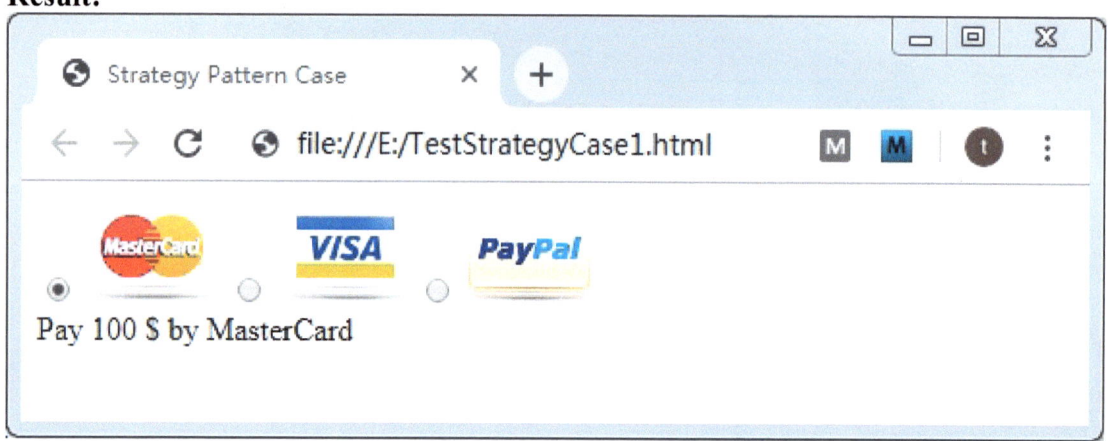

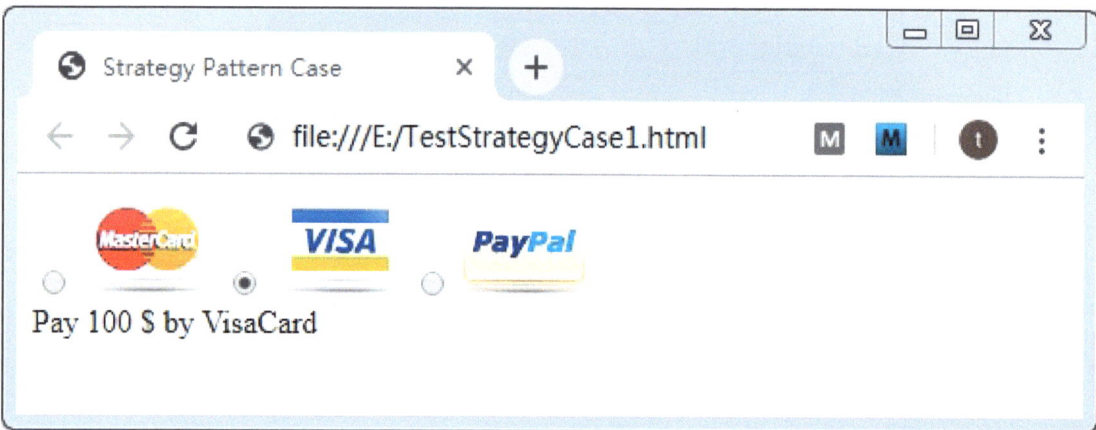

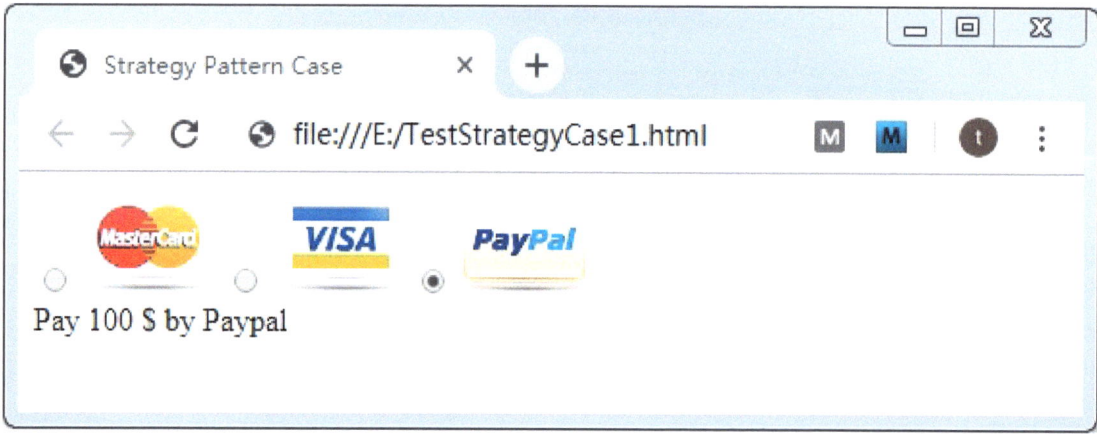

2. Create a TestStrategyCase2.html with Notepad and open it in your browser

```html
<input type="radio" name="card" value="MasterCard" onclick="doTestPay(this)" />
<img src="images/mastercard.jpg" />
<input type="radio" name="card" value="VisaCard" onclick="doTestPay(this)" />
<img src="images/visacard.jpg" />
<input type="radio" name="card" value="Paypal" onclick="doTestPay(this)" />
<img src="images/paypal.jpg" />
<br>
<span id="result"></span>

<script type="text/javascript">
   var payStrategy = {

      "MasterCard" : function(price){
         document.getElementById("result").innerHTML = "Pay " + price + " $ by MasterCard";
      },
      "VisaCard" : function(price){
         document.getElementById("result").innerHTML = "Pay " + price + " $ by VisaCard";
      },
      "Paypal" : function(price){
         document.getElementById("result").innerHTML = "Pay " + price + " $ by Paypal";
      }
   };

   var payManager = function( key, price){
      return payStrategy[key](price);
   };
   //////////////////////////// test ////////////////////////////
   function doTestPay(obj){
      payManager(obj.value, 100);
   }
</script>
```

Result:

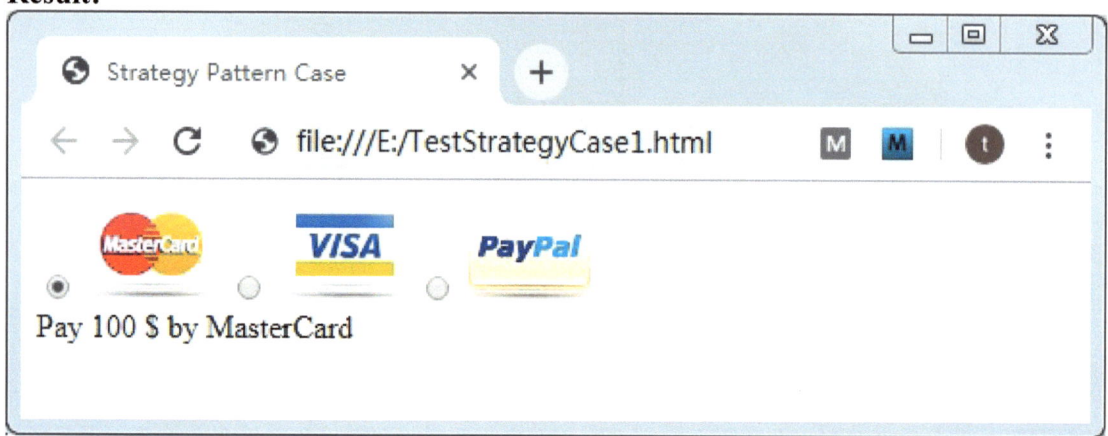

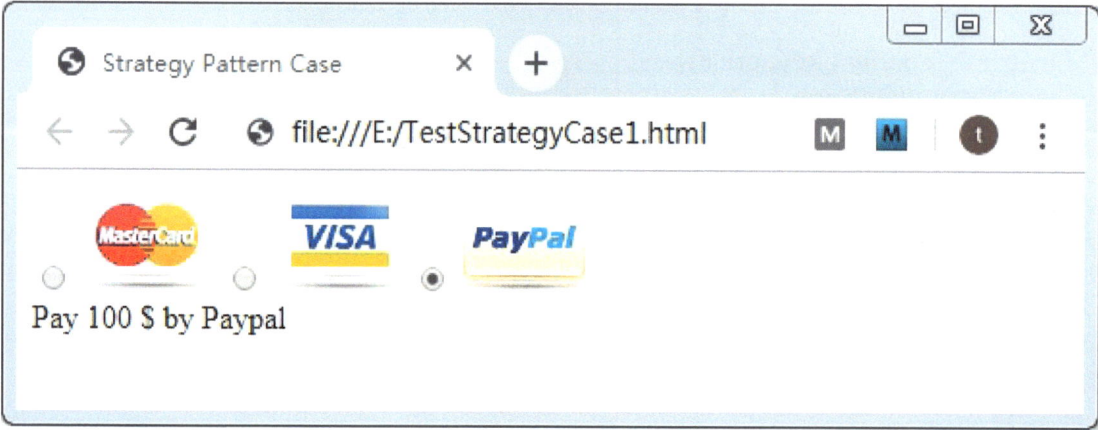

Composition Pattern Principle

Composition Pattern: A tree structure of simple and composite objects. Compose objects into tree structures to represent part-whole hierarchies. Composite lets clients treat individual objects and compositions of objects uniformly.

1. National city tree diagram

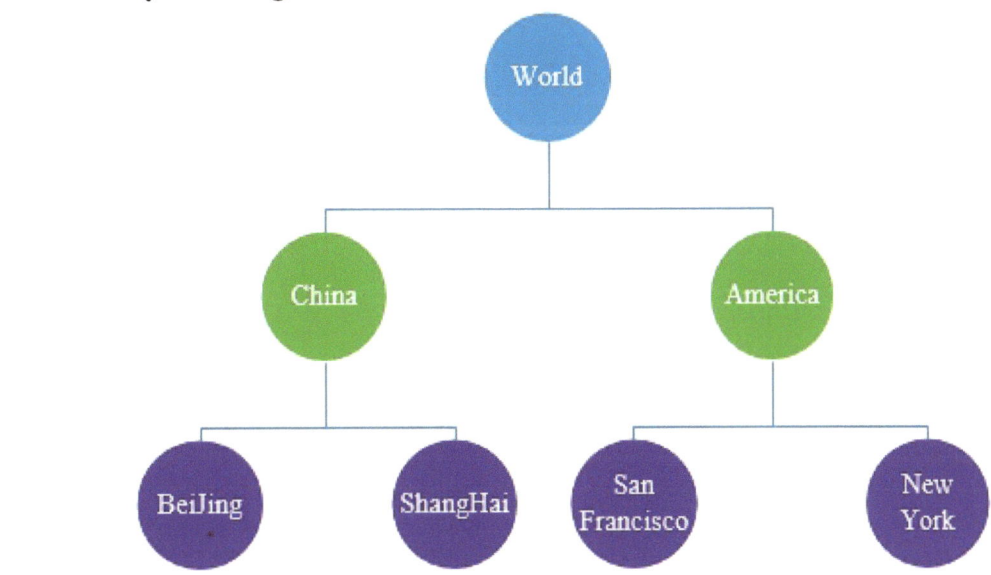

2. UML diagram

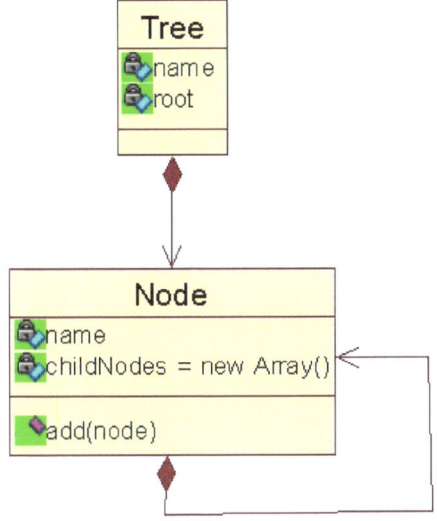

1. Create a TestComposition.html with Notepad and open it in your browser

```html
<script type="text/javascript">
function Node(name){
   this.name = name;
   this.childNodes = new Array();

   this.getName = function(){
      return this.name;
   }

   this.setName = function(name){
      this.name = name;
   }

   this.getChildNodes = function(){
      return this.childNodes;
   }

   this.add = function(node){
      this.childNodes.push(node);
   }
}

function Tree(name){
   this.name = name;
   this.root = new Node(name);

   this.getName = function(){
      return this.name;
   }

   this.setName = function(name){
      this.name = name;
   }

   this.getRoot = function(){
      return this.root;
   }
}
```

```
///////////////////////////// test /////////////////////////////////
    var tree = new Tree("World");
    var root = tree.getRoot();
    china = new Node("China");
    root.add(china);

    beijing = new Node("Bei Jing");
    shanghai = new Node("Shang Hai");
    china.add(beijing);
    china.add(shanghai);

    america = new Node("America");
    root.add(america);

    sanfancisco = new Node("San Fancisco");
    newyork = new Node("New York");
    america.add(sanfancisco);
    america.add(newyork);

    document.write(root.getName() + "<br>");
    var childNodes = root.getChildNodes();
    for(var i=0; i<childNodes.length; i++){
       var node = childNodes[i];
       document.write("----" + node.getName() + "<br>")
       var childNodes2 = node.getChildNodes();
       for(var j=0; j<childNodes2.length; j++){
       var node2 = childNodes2[j];
          document.write("--------" + node2.getName() + "<br>")
       }
    }
</script>
```

Result:

```
World
----China
--------Bei Jing
--------Shang Hai
----America
--------San Fancisco
--------New York
```

Composition Pattern Case

1. **Drop-down menu.**

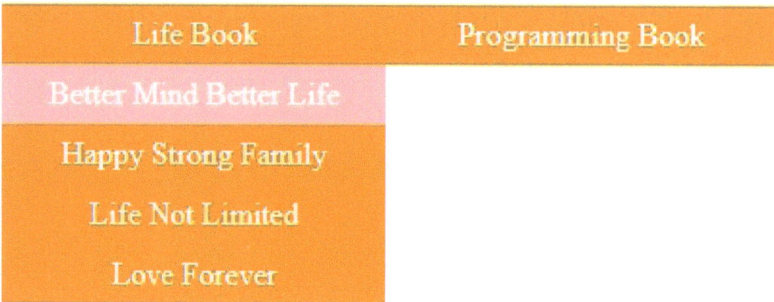

2. **UML diagram**

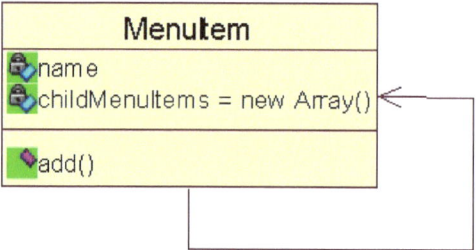

1. Create a TestCompositionCase.html with Notepad and open it in your browser

```html
<style type="text/css">
  *{margin:0;padding:0;list-style:none;}
  #menu{
    width:400px;margin:100px auto;
  }
  #menu ul li{
    float:left;width:200px;height:30px;
    line-height:30px;text-align:center;
  }
  #menu a{
    text-decoration:none;color:#fff;
    display:block;width:200px;height:30px;
    background:#fa9301;
  }
  #menu a:hover{background:pink;}
  #menu ul ul{display:none;}
</style>
<div id="menu">

</div>
<script type="text/javascript">
  function MenuItem(name){
    this.name = name;
    this.childMenuItems = new Array();

    this.getName = function(){
      return this.name;
    }

    this.setName = function(name){
      this.name = name;
    }

    this.getChildMenuItems = function(){
      return this.childMenuItems;
    }

    this.add = function(menuItem){
      this.childMenuItems.push(menuItem);
    }
  }
```

////////////////////////////// test //////////////////////////////
```javascript
var root = new MenuItem("");

var lifeBook = new MenuItem("Life Book");
root.add(lifeBook);
var childMenu01_1 = new MenuItem("Better Mind Better Life");
var childMenu01_2 = new MenuItem("Happy Strong Family");
var childMenu01_3 = new MenuItem("Life Not Limited");
var childMenu01_4 = new MenuItem("Love Forever");
lifeBook.add(childMenu01_1);
lifeBook.add(childMenu01_2);
lifeBook.add(childMenu01_3);
lifeBook.add(childMenu01_4);

var programmingBook = new MenuItem("Programming Book");
root.add(programmingBook);
var childMenu02_1 = new MenuItem("Easy Learning HTML CSS");
var childMenu02_2 = new MenuItem("Easy Learning Java");
var childMenu02_3 = new MenuItem("Easy Learning Python 3");
var childMenu02_4 = new MenuItem("Easy Learning Javascript");
programmingBook.add(childMenu02_1);
programmingBook.add(childMenu02_2);
programmingBook.add(childMenu02_3);
programmingBook.add(childMenu02_4);

function menuShowHidden(param1,param2){
  var menuItem = document.getElementById(param1);
  var childMenu = document.getElementById(param2);
  menuItem.onmouseover = function(){
    childMenu.style.display = 'block';
  }
  menuItem.onmouseout = function(){
    childMenu.style.display = 'none';
  }
}
```

```javascript
function createMenu(){
    var menuHTML = "<ul>";
    for(var i=0; i<root.getChildMenuItems().length; i++){
        var menuItem = root.getChildMenuItems()[i];
        var menuItemId = "menuItem0"+i;
        var childItemId = "childMenu0"+i;
        menuHTML += "<li id='"+menuItemId+"'>";
            menuHTML += "<a href='#'>"+menuItem.getName()+"</a>";
            menuHTML += "<ul id='"+childItemId+"'>";
            for(var j=0; j<menuItem.getChildMenuItems().length; j++){
                var childMenu = menuItem.getChildMenuItems()[j];
                menuHTML += "<li><a href='#'>"+childMenu.getName()+"</a></li>";
            }
            menuHTML += "</ul>";
        menuHTML += "</li>";
    }
    menuHTML += "</ul>";

    document.getElementById("menu").innerHTML = menuHTML;

    for(var i=0; i<root.getChildMenuItems().length; i++){
        var menuItem = root.getChildMenuItems()[i];
        var menuItemId = "menuItem0"+i;
        var childItemId = "childMenu0"+i;
        menuShowHidden(menuItemId,childItemId);
    }
}

window.onload=function(){
    createMenu();
}
</script>
```

Result:

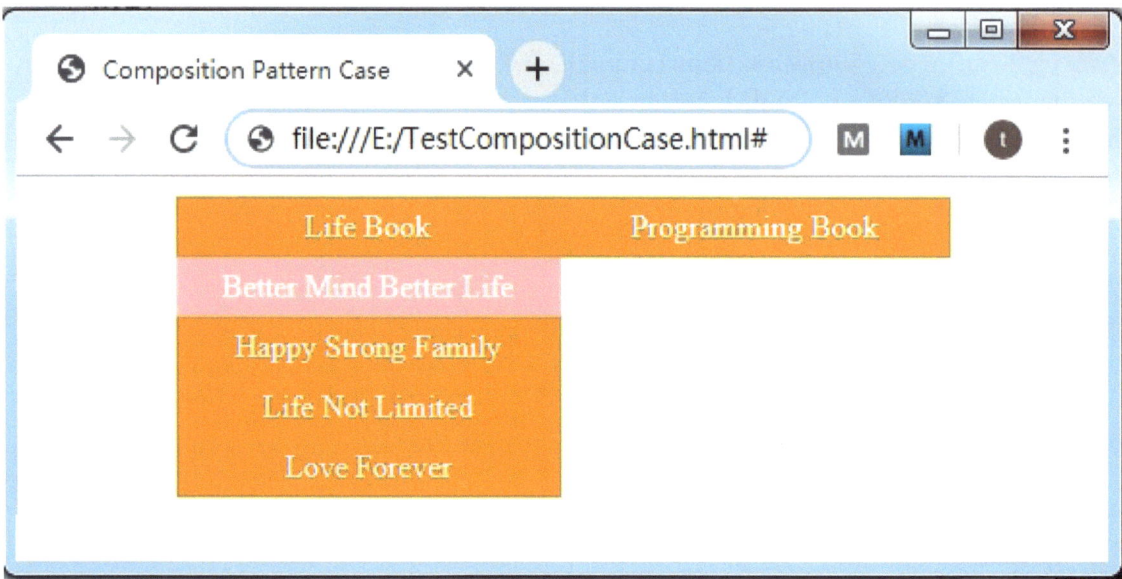

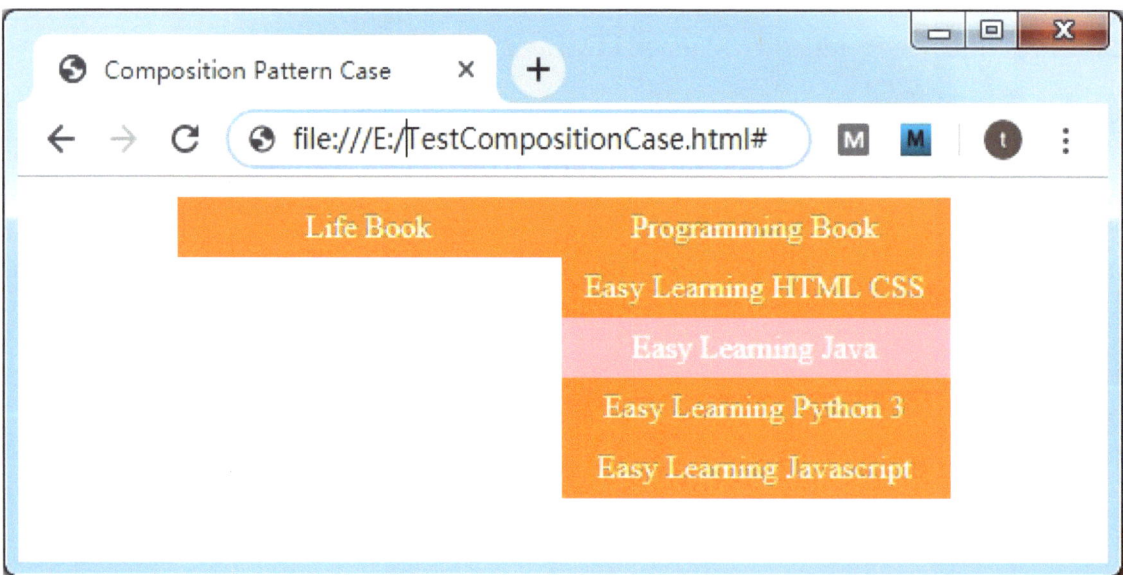

Singleton Pattern Principle

Singleton Pattern: A class of which only a single instance can exist. Ensure a class only has one instance, and provide a global point of access to it.

1. UML Diagram

1. Create a TestSingleton.html with Notepad and open it in your browser

```html
<script type="text/javascript">
    var Singleton = {
       instance : null,

       getInstance: function(){
          if(Singleton.instance == null){
             // there is only one instance
             Singleton.instance = {};
          }
          return Singleton.instance
       }
    };

///////////////////////// test /////////////////////////
    var singleton1 = Singleton.getInstance();
    var singleton2 = Singleton.getInstance();
    document.write(singleton1 === singleton2);  // true one instance
</script>
```

Singleton Pattern Case

Singleton Pattern:
Ensure that there is only one instance of a class, sharing global access.

1. Click Login Button always show the same dialog box to avoid duplicate creation

UML Diagram

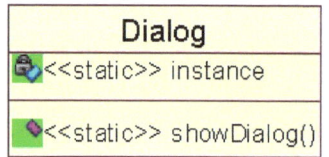

2. Create a TestSingletonCase.html with Notepad and open it in your browser

```html
<style>
  #login{
    width:300px; height: 100px;
    border:1px solid #cccccc; background-color: #fff0f3;
    text-align:center;padding: 20px;
  }
</style>

  <input type="button" value="Login" onclick="doLogin()" />

<script type="text/javascript">
  var Dialog = {
    instance : null,

    showDialog: function(){
      if(Dialog.instance == null){
        var dialogDiv = document.createElement("div");
        dialogDiv.setAttribute("id","login");
        dialogDiv.innerHTML = "Username: <input type='text' id='username' />";
        dialogDiv.innerHTML += "<br><br>";
        dialogDiv.innerHTML += "Password: <input type='password' id='password' />";
        dialogDiv.innerHTML += "<br><br>";
        dialogDiv.innerHTML += "<input type='button' value='Submit' />";
        document.body.appendChild(dialogDiv);
        Dialog.instance = {};
      }
      return Dialog.instance
    }
};

  function doLogin(){
    Dialog.showDialog(); // Singleton instance always create one dialog
  }
</script>
```

Result:

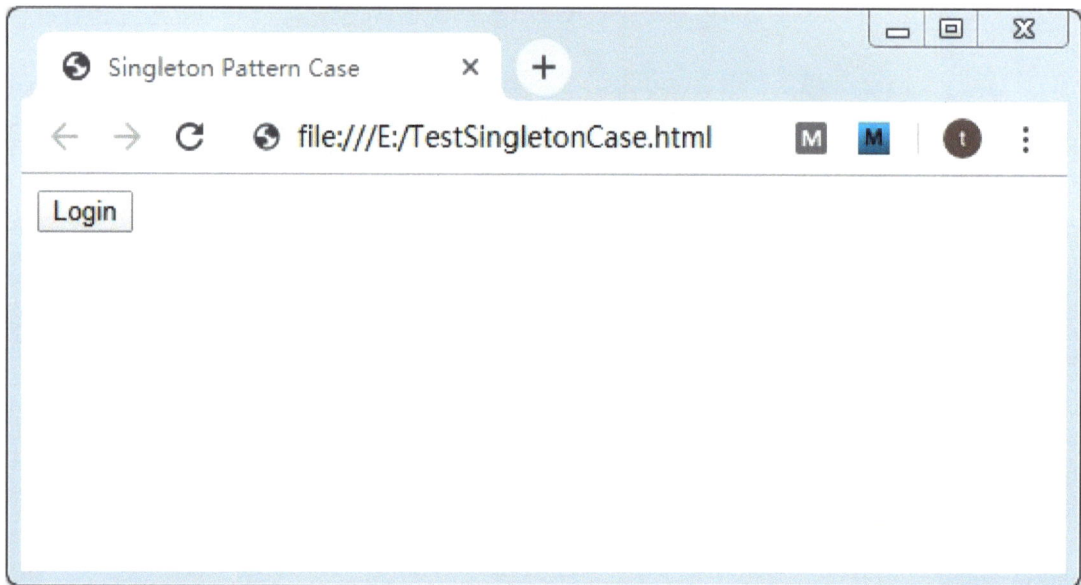

Always Click Login Button show the same dialog

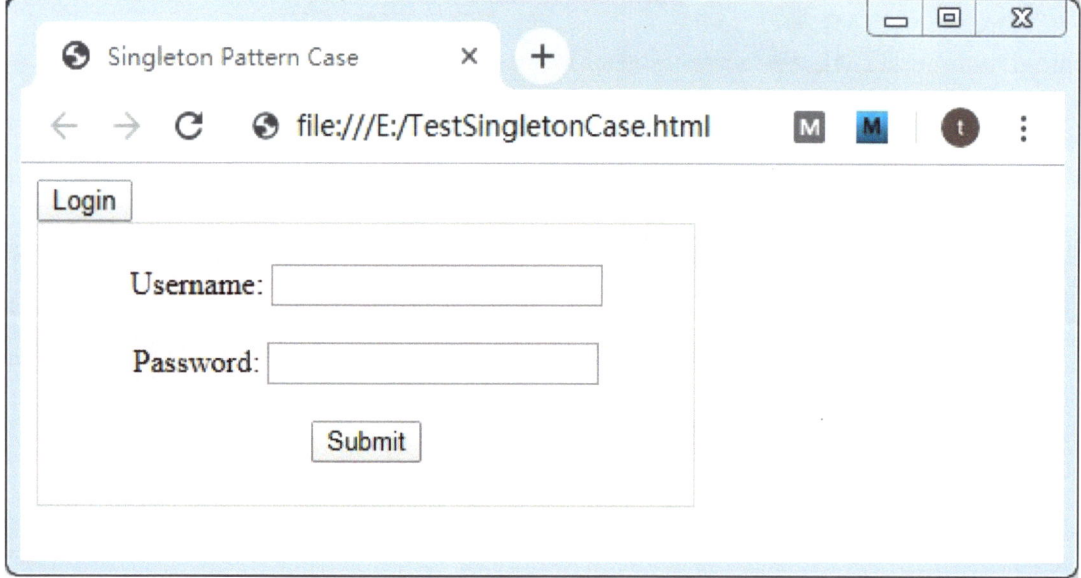

Template Pattern Principle

Template Pattern: Defer the exact steps of an algorithm to a subclass. Define the skeleton of an algorithm in an operation, deferring some steps to subclasses. Template Method lets subclasses redefine certain steps of an algorithm without changing the algorithm's structure.

1. The parent class prints A4 paper, and the subclass can also set the color.

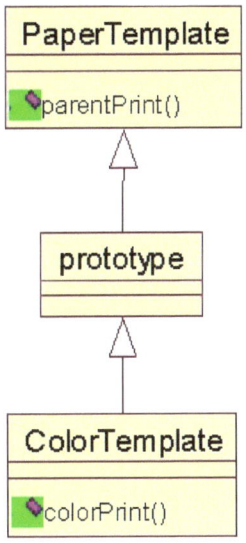

1. Create a TestTemplate.html with Notepad and open it in your browser

```
<script type="text/javascript">
   function PaperTemplate(){
      this.parentPrint = function(){
         document.write("Print A4 Paper<br>");
      }
   }

   function ColorTemplate(){

   }

///////////////////////////// test /////////////////////////////
   ColorTemplate.prototype = new PaperTemplate();

   ColorTemplate.prototype.colorPrint = function(){
      this.parentPrint();
      document.write("Set the color of A4 paper red<br>");
   }

   var template = new ColorTemplate();
   template.colorPrint();
</script>
```

Result:

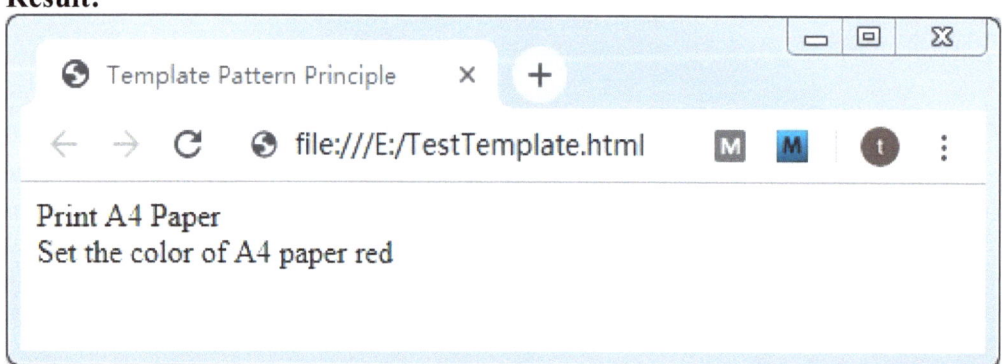

Template Pattern Case

Airplane games:
Different airplane with the same airplane characteristics, but each airplane behaves differently

1. ## UML Diagram

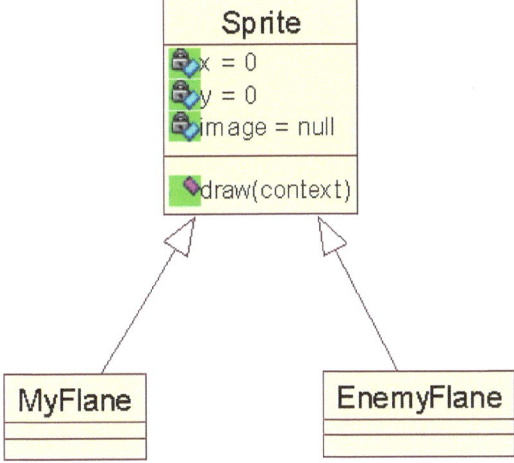

1. Create a TestTemplateCase.html with Notepad and open it in your browser

```html
<style>
  #myCanvas{
    border:1px solid #c3c3c3;
  }
</style>

  <canvas id="myCanvas" width="250" height="300"></canvas>

<script type="text/javascript">
  function Sprite(){
    this.x = 0 // Airplane x coordinates
    this.y = 0 // Airplane y coordinates
    this.image = null;

    // Draw the plane on the screen
    this.draw = function(context){
       context.drawImage(this.image,this.x,this.y);
    }

    this.getX = function(){
       return this.x;
    }
    this.setX = function(x){
       this.x = x
    }

    this.getY = function(){
       return this.y;
    }
    this.setY = function(y){
       this.y = y
    }

    this.getImage = function(){
       return this.image;
    }
    this.setImage = function(image){
       this.image = image
    }
  }
```

```javascript
function MyFlane(){}
MyFlane.prototype = new Sprite()

function EnemyFlane(){}

/////////////////////////// test ///////////////////////////
EnemyFlane.prototype = new Sprite()

window.onload = function(){
   var myCanvas = document.getElementById("myCanvas");
   var context = myCanvas.getContext("2d");

   var myFlane = new MyFlane();
   myFlane.setX(110);
   myFlane.setY(250);
   var myImage = new Image();
   myImage.src = "./images/player.png";
   myFlane.setImage(myImage);
   //After the browser loads the image, draw the image.
   myImage.onload = function(){
       myFlane.draw(context);
   };

   var enemyFlane = new EnemyFlane();
   enemyFlane.setX(110);
   enemyFlane.setY(50);
   var enemyImage = new Image();
   enemyImage.src = "./images/enemy.png";
   enemyFlane.setImage(enemyImage);
   //After the browser loads the image, draw the image.
   enemyImage.onload = function(){
       enemyFlane.draw(context);
   };
}
</script>
```

Result:

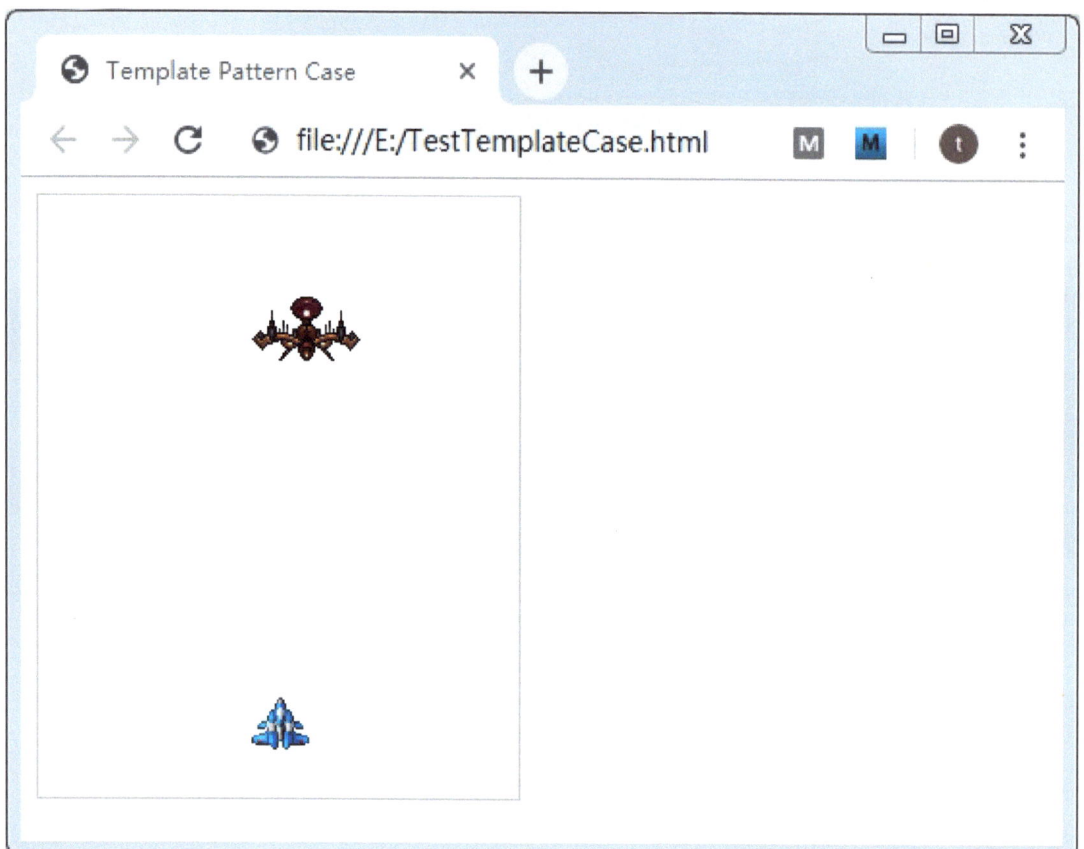

Factory Pattern Principle

Airplane game:
Create different airplane by Factory and then shoot different bullets

1. UML Diagram

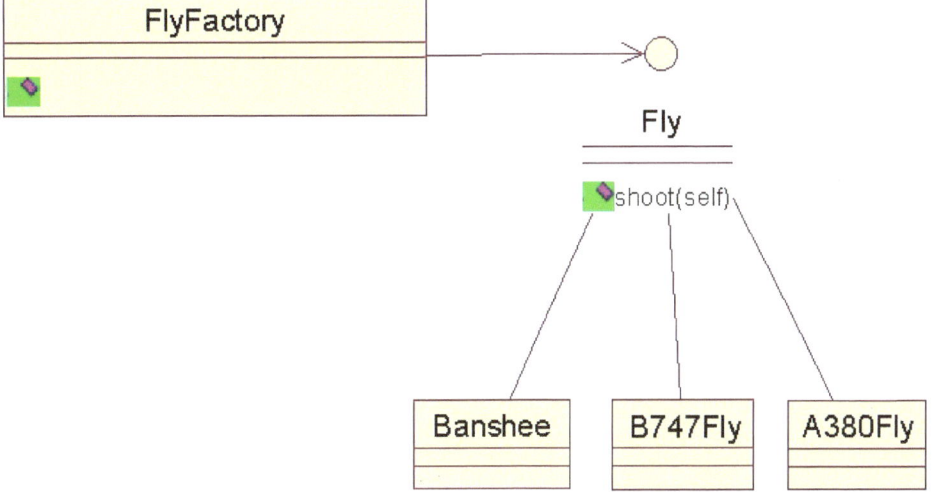

1. Create a TestFactory.html with Notepad and open it in your browser

```html
<input type="radio" name="fly" value=1 onclick="doCreate(this)" /> Banshee
<input type="radio" name="fly" value=2 onclick="doCreate(this)" /> B747fly
<input type="radio" name="fly" value=3 onclick="doCreate(this)" /> A380fly
<br><br>
<span id="result"></span>
<script type="text/javascript">
  function Fly(){
     this.shoot = function(){}
  }

  function Banshee(){
     this.shoot = function(){
        document.getElementById("result").innerHTML = "Banshee fire the laser";
     }
  }
  Banshee.prototype = new Fly();

  function B747fly(){
     this.shoot = function(){
        document.getElementById("result").innerHTML = "B747 fire the missile";
     }
  }
  B747fly.prototype = new Fly();

  function A380fly(){
     this.shoot = function(){
        document.getElementById("result").innerHTML = "A380 fire the trigeminal shot";
     }
  }
  A380fly.prototype = new Fly();
  var FlyFactory = {
     create: function(type){
        var fly = null;
        if(type == 1){
           fly = new Banshee();
        }else if(type == 2){
           fly = new B747fly();
        }else if(type == 3){
           fly = new A380fly();
        }
        return fly
     }
  };
```

```
//////////////////////////// test ////////////////////////////
function doCreate(obj){
    fly = FlyFactory.create(obj.value);
    fly.shoot();
}
</script>
```

Result:

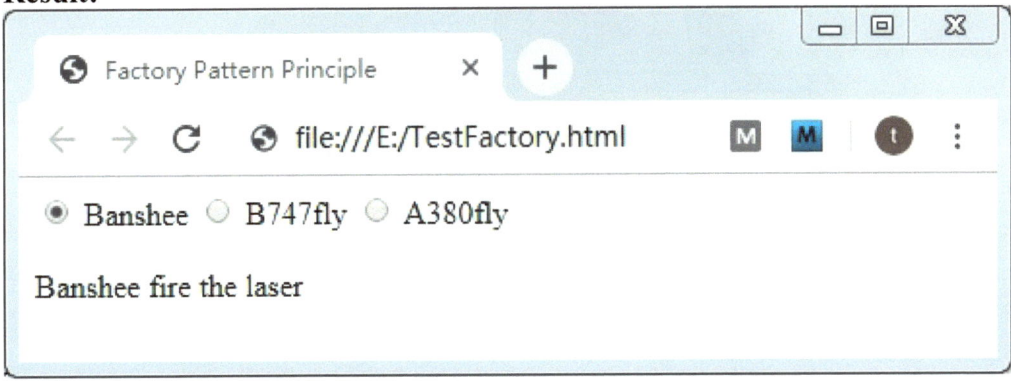

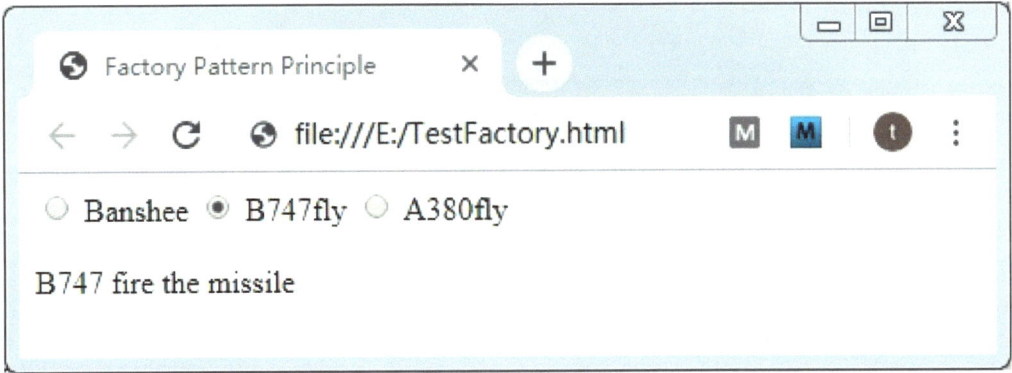

Factory Pattern Case

Drawing graphics:
Draw different graphics on the canvas, rectangle, square, etc.

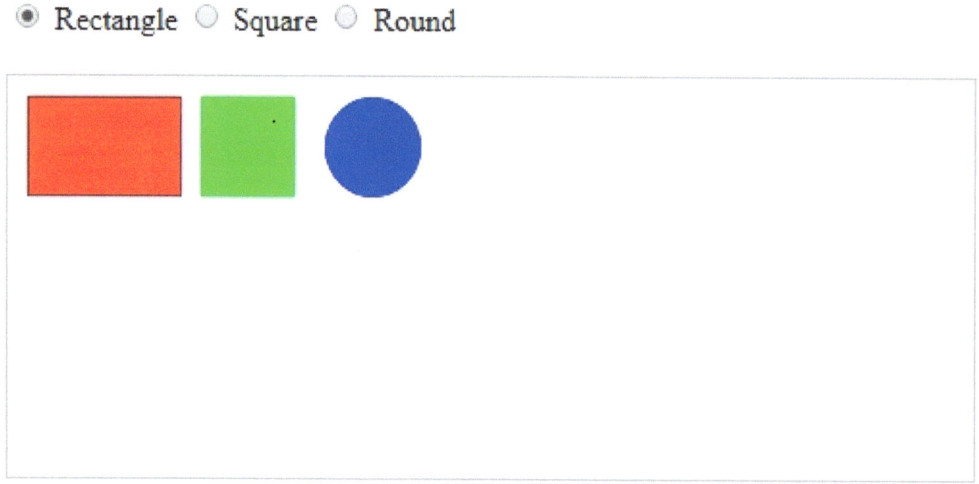

1. UML Diagram

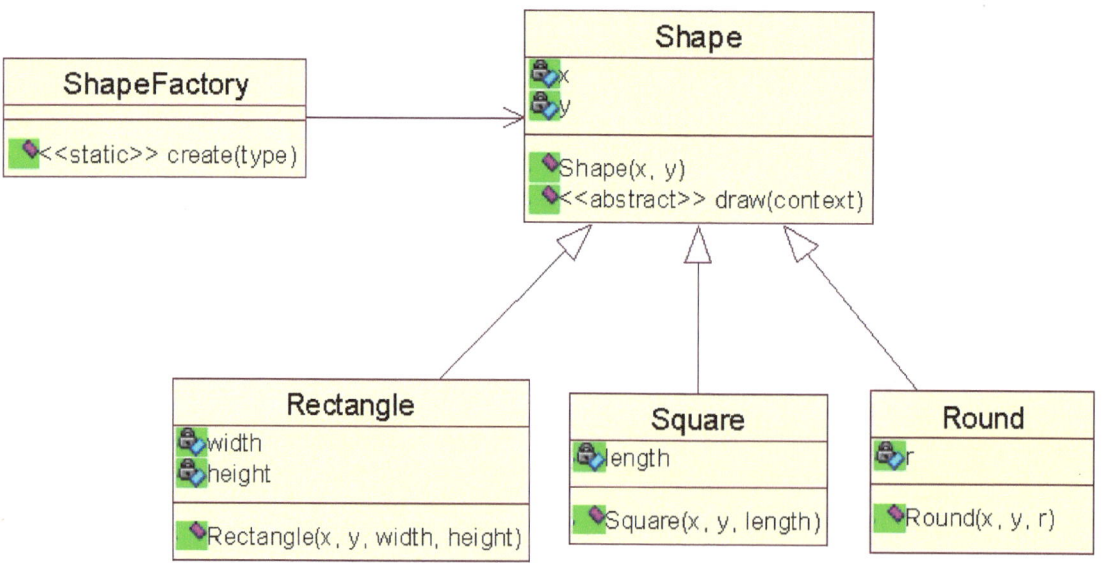

1. Create a TestFactoryCase.html with Notepad and open it in your browser

```html
<style>
  #myCanvas{
    border:1px solid #c3c3c3;
  }
</style>

  <input type="radio" name="shape" value="Rectangle" onclick="doCreate(this)" />Rectangle
  <input type="radio" name="shape" value="Square" onclick="doCreate(this)" />Square
  <input type="radio" name="shape" value="Round" onclick="doCreate(this)" />Round
  <br><br>
  <canvas id="myCanvas" width="500" height="200"></canvas>
<script type="text/javascript">
  function Shape(x, y){
    this.x = x;
    this.y = y;
    this.draw = function(context){}
  }

  function Rectangle(x, y, width, height){
    Shape.call(this,x, y);
    this.width = width;
    this.height = height;

    this.draw = function(context){
      context.fillStyle = "#ff0000";
      context.fillRect(this.x, this.y, this.width, this.height);
    }
  }

  function Square(x, y, length){
    Shape.call(this,x, y);
    this.length = length;

    this.draw = function(context){
      context.fillStyle = "#00ff00";
      context.fillRect(this.x, this.y, this.length, this.length);
    }
  }
```

```javascript
function Round(x, y, r){
    Shape.call(this,x, y);
    this.r = r;

    this.draw = function(context){
        context.fillStyle = "#0000ff";
        context.beginPath();
        context.arc(this.x,this.y,this.r,0,2*Math.PI);
        context.fill();
    }
}

var ShapeFactory = {
    create: function(type){
        var shape = null;
        if(type == "Rectangle"){
            shape = new Rectangle(10,10,80,50);
        }else if(type == "Square"){
            shape = new Square(100,10,50);
        }else if(type == "Round"){
            shape = new Round(190,35,25);
        }
        return shape
    }
};

///////////////////////////// test /////////////////////////////
function doCreate(obj){
    var shape = ShapeFactory.create(obj.value);
    var myCanvas = document.getElementById("myCanvas");
    var context = myCanvas.getContext("2d");
    shape.draw(context);
}
</script>
```

Result:

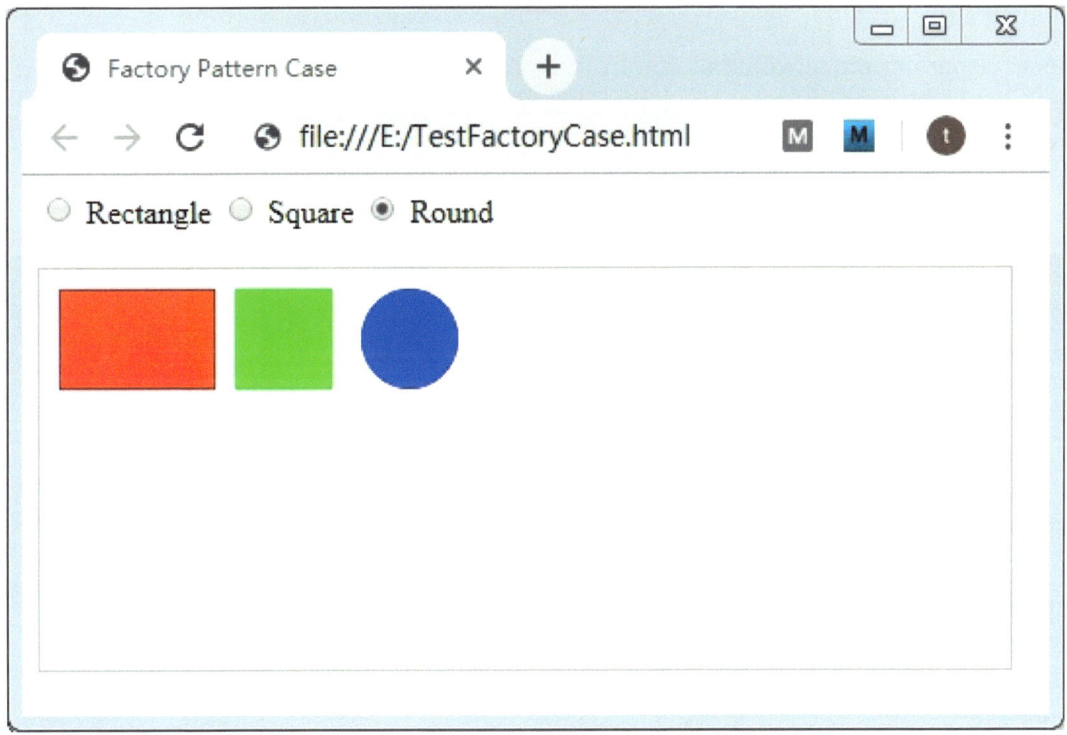

Builder Pattern Principle

Builder Pattern: Separates object construction from its representation. Separate the construction of a complex object from its representation so that the same construction processes can create different representations.

1. **Car divided into three parts: head, body, wheel were constructed.**

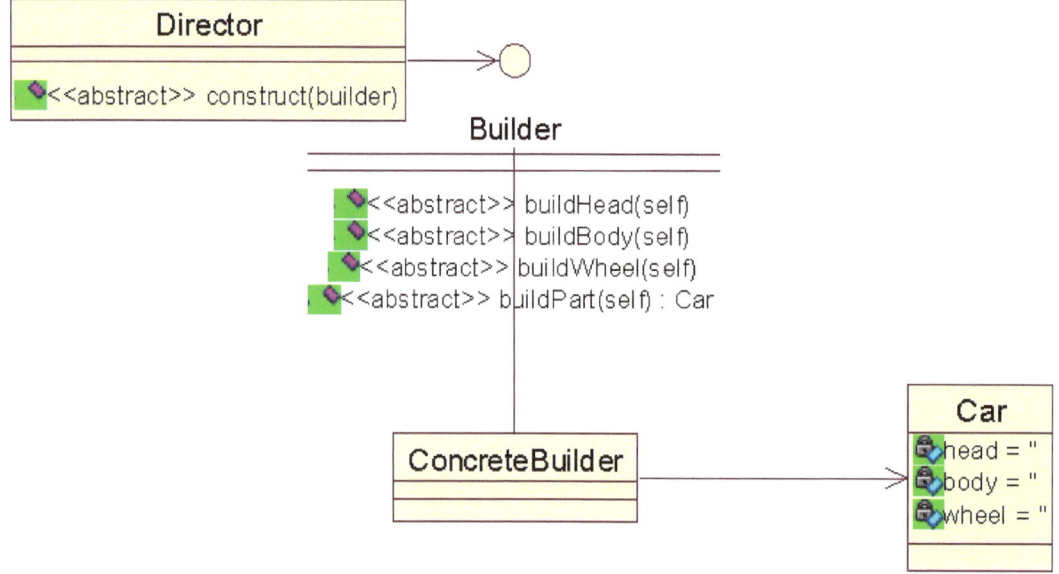

1. Create a TestBuilder.html with Notepad and open it in your browser

```javascript
<script type="text/javascript">
   function Car(){
      this.head = "";
      this.body = "";
      this.wheel = "";

      this.getHead = function(){
         return this.head;
      }
      this.setHead = function(head){
         this.head = head;
      }

      this.getBody = function(){
         return this.body;
      }
      this.setBody = function(body){
         this.body = body;
      }

      this.getWheel = function(){
         return this.wheel;
      }
      this.setWheel = function(wheel){
         this.wheel = wheel;
      }
   }

   function Builder(){
      this.buildHead = function(){}
      this.buildBody = function(){}
      this.buildWheel = function(){}
      this.buildPart = function(){}
   }
```

```javascript
function ConcreteBuilder(){
    this.car = new Car();

    this.buildHead = function(){
        this.car.setHead("Car head construction completed");
    }
    this.buildBody = function(){
        this.car.setBody("Car body construction completed");
    }
    this.buildWheel = function(){
        this.car.setWheel("Car Wheel construction completed");
    }
    this.buildPart = function(){
        return this.car;
    }
}

var Director = {
    construct: function(builder){
        builder.buildHead();
        builder.buildBody();
        builder.buildWheel();
        return builder.buildPart();
    }
};
//////////////////////////// test ////////////////////////////
    var car = Director.construct(new ConcreteBuilder());
    document.write(car.getHead() + "<br>");
    document.write(car.getBody() + "<br>");
    document.write(car.getWheel() + "<br>");
</script>
```

Result:

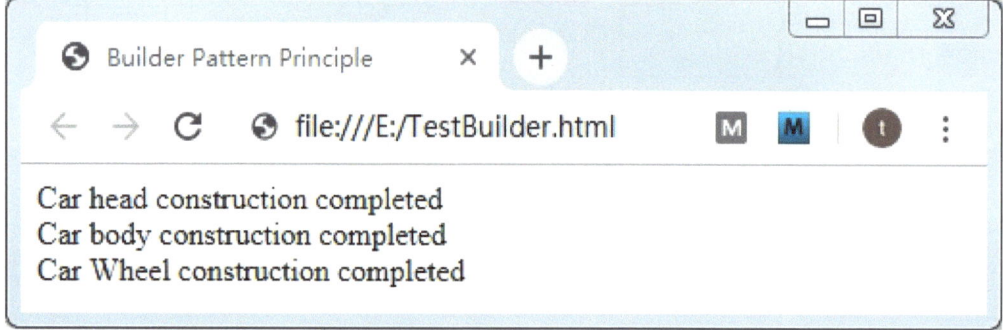

Builder Pattern Case

Popup ialog:
First internal creation of prompts, messages and buttons. finally build dialog to cause the dialog to pop up.

1. UML Diagram

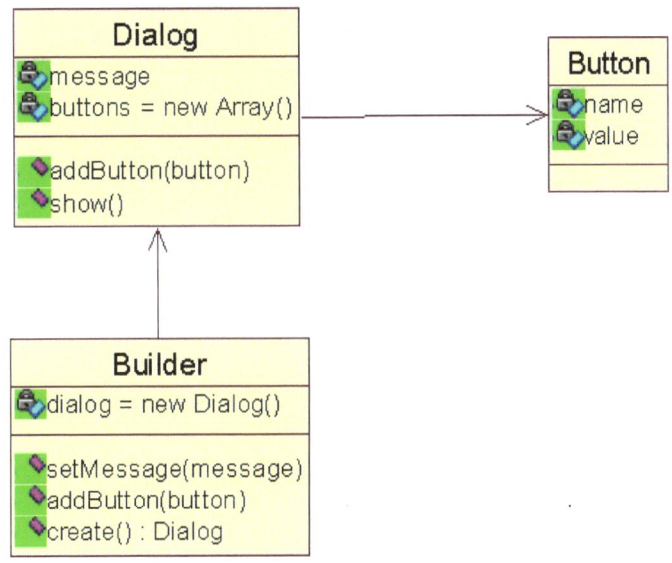

1. Create a TestBuilderCase.html with Notepad and open it in your browser

```html
<style>
  #dialog{
    width:300px; height: 60px;
    border:1px solid #cccccc; background-color: #f4fef8;
    text-align:center;padding: 20px;
  }
</style>

  <input type="button" value="Show Message Dialog" onclick="showMessageDialog()" />
  <input type="button" value="Show Confirm Dialog" onclick="showConfirmDialog()" />

<script type="text/javascript">

  function Button(name, value){
    this.name = name;
    this.value = value;

    this.getName = function(){
      return this.name;
    }
    this.setName = function(name){
      this.name = name;
    }

    this.getValue = function(){
      return this.value;
    }
    this.setValue = function(value){
      this.value = value;
    }
  }
```

```javascript
function Dialog(){
    this.message = '';
    this.buttons = new Array();

    this.getMessage = function(){
        return this.message;
    }
    this.setMessage = function(message){
        this.message = message;
    }

    this.getButtons = function(){
        return this.buttons;
    }
    this.addButton = function(button){
        this.buttons.push(button);
    }

    this.show = function(){
        var dialogDiv = document.createElement("div");
        dialogDiv.setAttribute("id","dialog");
        dialogDiv.innerHTML = this.getMessage();
        dialogDiv.innerHTML += "<br><br>";

        for(var i=0; i<this.buttons.length; i++){
            var button = this.buttons[i];
            dialogDiv.innerHTML += "<input type='button' name='"+button.getName()+"' value='"+button.getValue()+"' />";
        }
        document.body.appendChild(dialogDiv);
    }
}
```

```javascript
function Builder(){
   this.dialog = new Dialog();

   this.setMessage = function(message){
      this.dialog.setMessage(message);
   }

   this.addButton = function(button){
      this.dialog.addButton(button);
   }

   this.create = function(){
      return this.dialog;
   }
}

//////////////////////////// test ////////////////////////////
function showMessageDialog(){
   var builder = new Builder();
   builder.setMessage("Have a nice day!")
   builder.addButton(new Button("close", "Close"))
   var dialog = builder.create();
   dialog.show();
}

function showConfirmDialog(){
   var builder = new Builder();
   builder.setMessage("Do you want to Delete?")
   builder.addButton(new Button("ok", "Ok"))
   builder.addButton(new Button("close", "Close"))
   var dialog = builder.create();
   dialog.show();
}
</script>
```

Result:

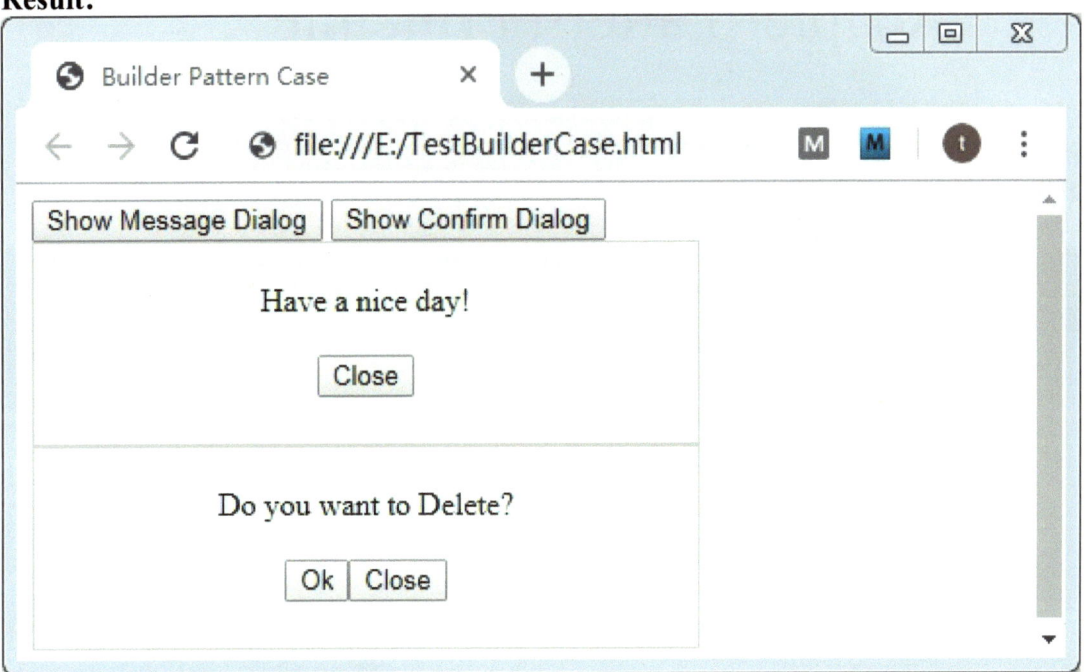

Adapter Pattern Principle

Adapter Pattern: Match interfaces of different classes. Convert the interface of a class into another interface clients expect. Adapter lets classes work together that couldn't otherwise because of incompatible interfaces.

1. **The original power is 100 voltages, and it needs to be adapted to 36 voltages to work.**

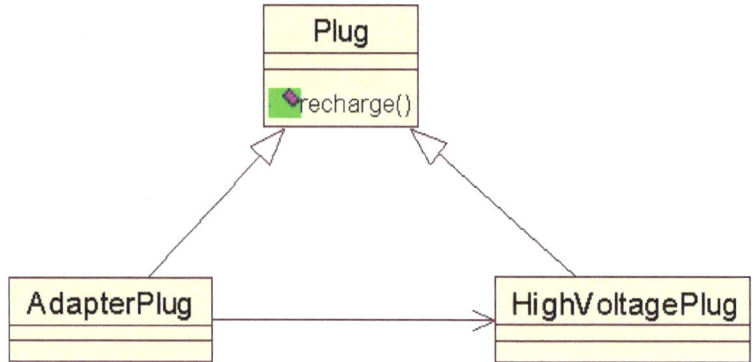

1. **Create a TestAdapter.html with Notepad and open it in your browser**

```javascript
<script type="text/javascript">

    function Plug(){
        this.recharge = function(){}
    }

    function HighVoltagePlug(){
        Plug.call(this);

        this.recharge = function(){
            return 100; // Power is 100 Voltage
        }
    }
```

```javascript
    function AdapterPlug(){
        Plug.call(this);

        this.recharge = function(){
            var highPlug = new HighVoltagePlug();
            var highVoltage = highPlug.recharge();
            var lowVoltage = highVoltage - 64;
            return lowVoltage;
        }
    }

//////////////////////////// test ////////////////////////////
    var plug = new HighVoltagePlug();
    document.write(plug.recharge() + " too much voltage <br>");

    plug = new AdapterPlug();
    document.write("Adapter into " + plug.recharge() + " voltage")
</script>
```

Result:

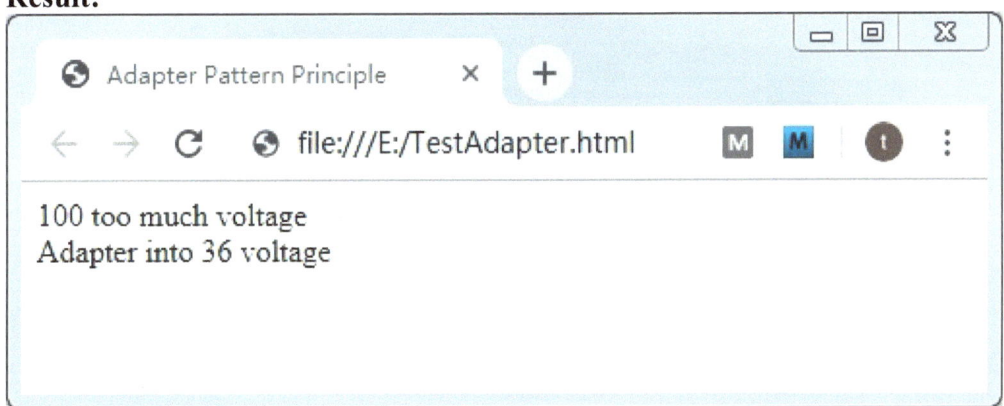

Adapter Pattern Case

Popup List Menu and Image List Menu:
data is filled, the same data, different adaptations show different view

Happy Strong Family Go straight to the benchmark Love can beat everything Easy Learning Java Easy Learning Python 3 Easy Learning Design Patterns	📗 Happy Strong Family 📗 Go straight to the benchmark 📗 Love can beat everything 📗 Easy Learning Java 📗 Easy Learning Python 3 📗 Easy Learning Design Patterns

1. **UML Diagram**

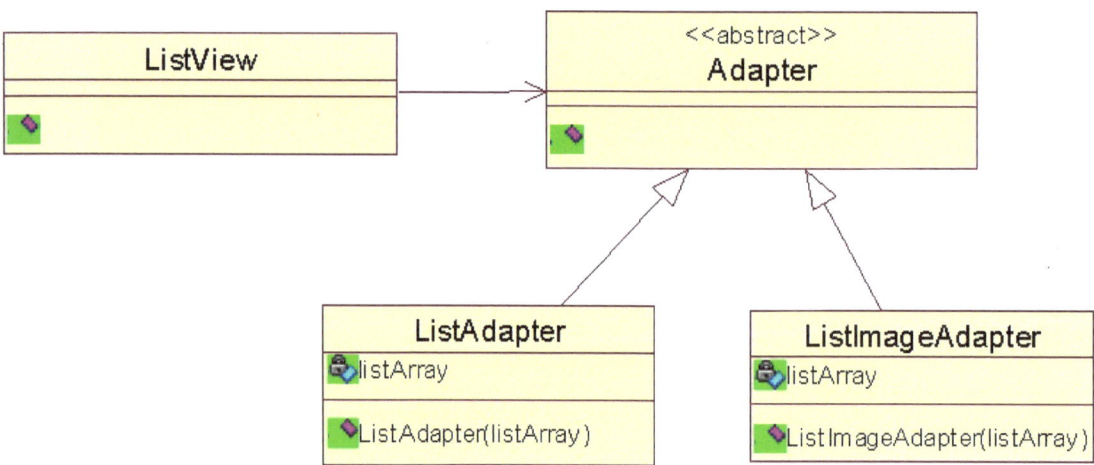

1. Create a TestAdapterCase.html with Notepad and open it in your browser

```html
<style>
  #popup_menu{
     width:300px;
     border:1px solid #cccccc; background-color: #ffffff;
     text-align:left;
  }
  li{
     list-style:none;
  }
</style>

  <input type="button" value="Popup List Menu" onclick="popupListMenu()" />
  <input type="button" value="Popup List Image Menu" onclick="popupListImageMenu()" />

<script type="text/javascript">
  function Adapter(){
     this.createPpopupMenu = function(){}
  }

  function ListAdapter(listArray){
     this.listArray = listArray;

     this.createPpopupMenu = function(){
        var viewData = "<ul>";
        for(var i=0; i<this.listArray.length; i++){
           var data = this.listArray[i];
           viewData += "<li>"+data+"</li>";
        }
        viewData += "</ul>";
        return viewData;
     }
  }
```

```javascript
function ListImageAdapter(listArray){
    this.listArray = listArray;

    this.createPpopupMenu = function(){
        var viewData = "<ul>";
        for(var i=0; i<this.listArray.length; i++){
            var data = this.listArray[i];
            viewData += "<li><img src='images/icon.jpg' /> "+data+"</li>";
        }
        viewData += "</ul>";
        return viewData;
    }
}

var ListView = {
    popupMenu: function(adapter){
        var menuDiv = document.createElement("div");
        menuDiv.setAttribute("id","popup_menu");
        menuDiv.innerHTML = adapter.createPpopupMenu();
        document.body.appendChild(menuDiv);
    }
}
//////////////////////////// test ////////////////////////////
var listArray = Array(
    "Happy Strong Family",
    "Go straight to the benchmark",
    "Love can beat everything",
    "Easy Learning Java",
    "Easy Learning Python 3",
    "Easy Learning Design Patterns"
);

function popupListMenu(){
    var adapter =new ListAdapter(listArray);
    ListView.popupMenu(adapter);
}

function popupListImageMenu(){
    var adapter =new ListImageAdapter(listArray);
    ListView.popupMenu(adapter);
}
</script>
```

Result:

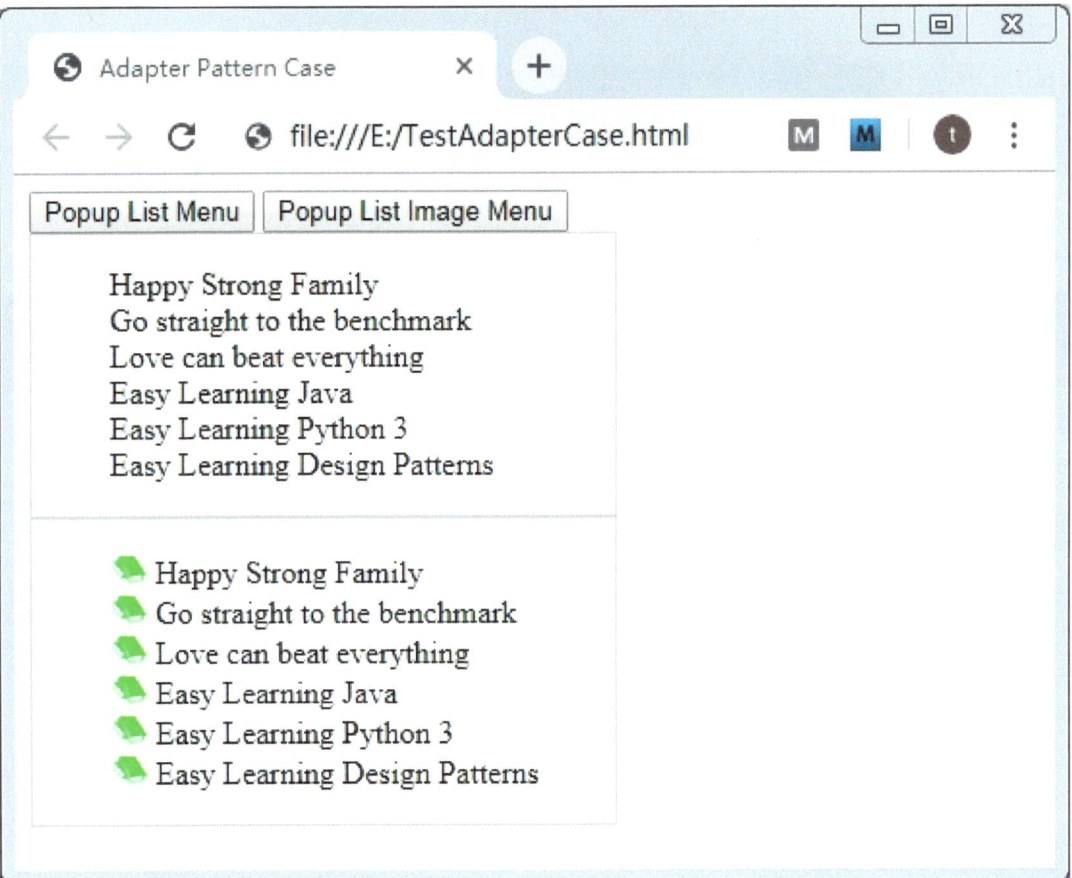

Facade Pattern Principle

Facade Pattern: A single class that represents an entire subsystem. Provide a unified interface to a set of interfaces in a system. Facade defines a higher-level interface that makes the subsystem easier to use.

1. **State provide a consistent interface to perform : Light, music and video.**

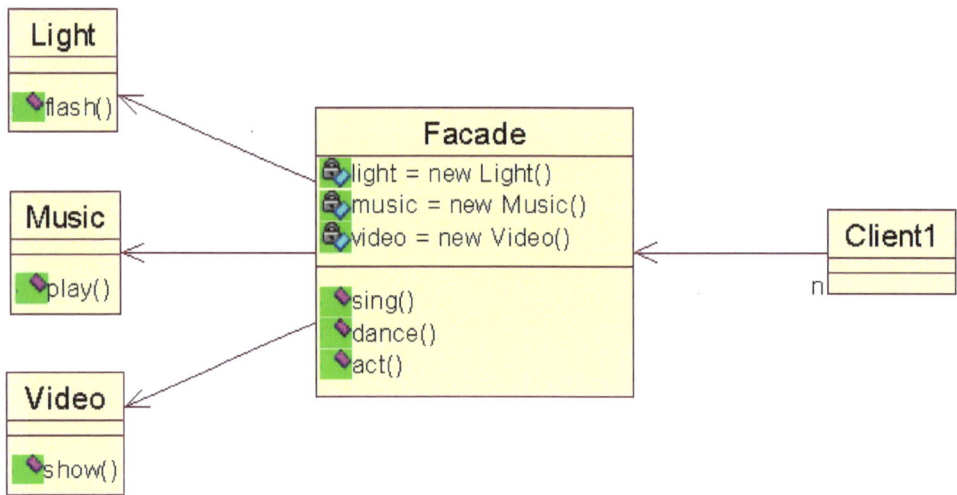

1. Create a **TestFacade.html** with **Notepad** and open it in your browser

```
<script type="text/javascript">
  function Light(){
    this.flash = function(){
      document.write("Flashing color light<br>");
    }
  }

  function Music(){
    this.play = function(){
      document.write("Playing classical music<br>");
    }
  }

  function Video(){
    this.show = function(){
      document.write("Mountain stream video display<br>");
    }
  }
```

```javascript
function Facade(){
    this.light = new Light();
    this.music = new Music();
    this.video = new Video();

    this.sing = function(){
        document.write("Start singing with<br>");
        this.light.flash();
        this.music.play();
    }

    this.dance = function(){
        document.write("Start dancing with<br>");
        this.light.flash();
        this.music.play();
        this.video.show();
    }

    this.act = function(){
        document.write("Start acting with<br>");
        this.light.flash();
        this.video.show();
    }
}

/////////////////////////// test ///////////////////////////
    var facade = new Facade();
    facade.sing();
    document.write("<br>-----------------------------<br>");
    facade.dance();
    document.write("<br>-----------------------------<br>");
    facade.act();
</script>
```

Result:

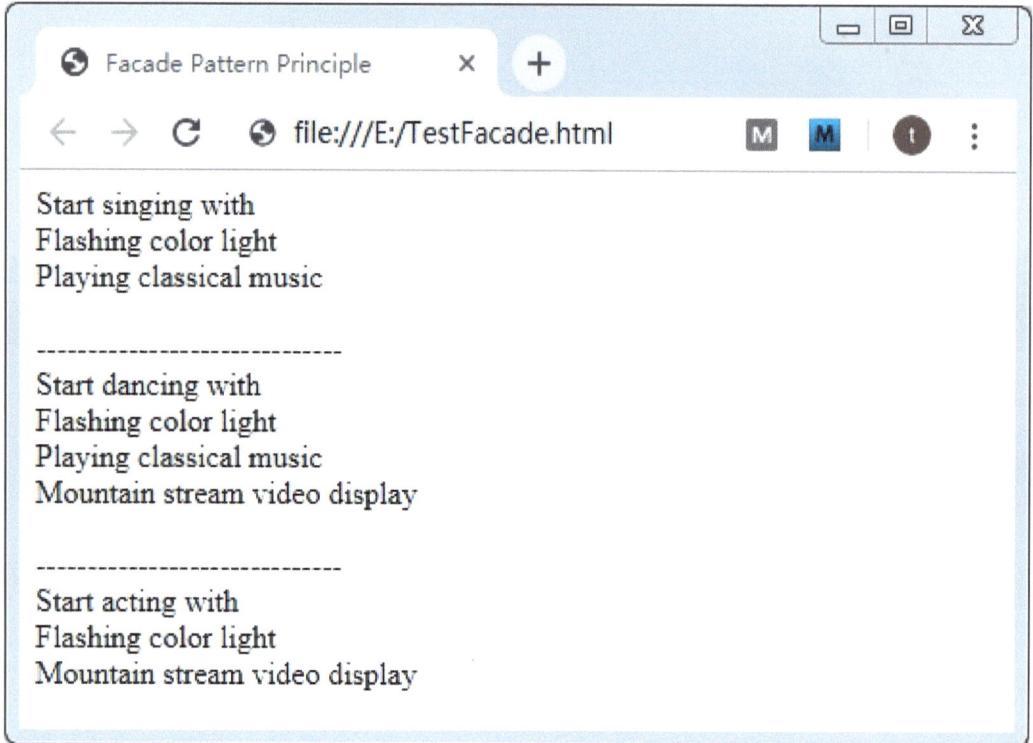

Facade Pattern Case

1. **Text box number, string verification**

UMLDiagram

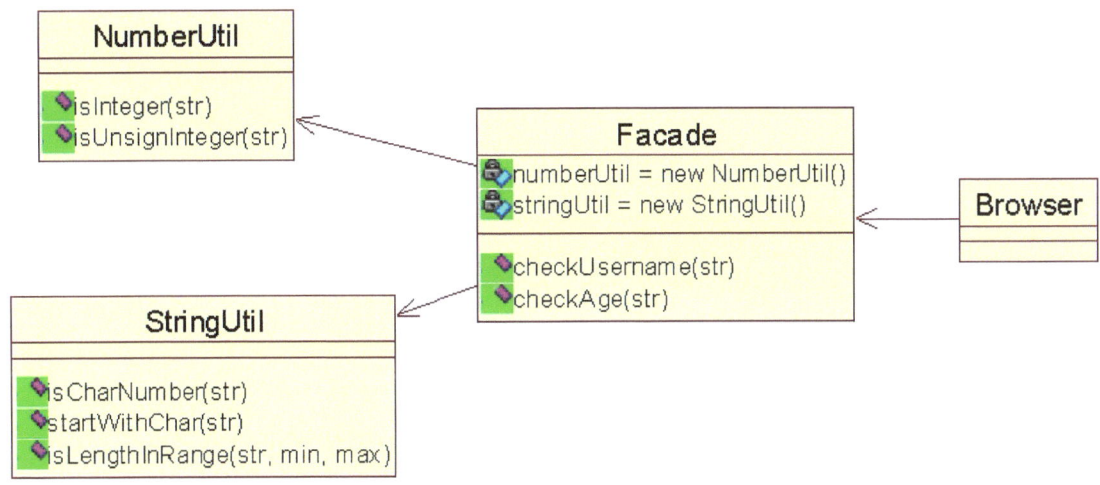

1. **Create a TestFacadeRegister.html with Notepad and open it in your browser**

```html
<form id="form1" method="post">
  <span id="message" style="color:red"></span>
  <br><br>
  Username : <input type="text" id="username" value="" />
  Age : <input type="text" id="age" value="" />
  <br><br>
  <input type="button" value="Register" onclick="doRegister()" />
</form>
```

```html
<script type="text/javascript">
  function NumberUtil(){
    this.isInteger = function(str){
      reg = /^(-|\+)?\d+$/;
      return (reg.test(str));
    }

    this.isUnsignInteger = function(str){
      reg = /^\d+$/;
      return (reg.test(str));
    }
  }
</script>

<script type="text/javascript">
  function StringUtil(){
    this.isCharNumber = function(str){
      reg = /^[0-9a-zA-Z]+$/;
      return (reg.test(str));
    }

    this.startWithChar = function(str){
      var firstChar = str.substring(0,1);
      reg = /^[a-zA-Z]+$/;
      return (reg.test(firstChar));
    }

    this.isLengthInRange = function(str, min, max){
      if(str.length >= min && str.length <= max){
        return true;
      }else{
        return false;
      }
    }
  }
</script>
```

```html
<script type="text/javascript">
   function Facade(){
      this.numberUtil = new NumberUtil();
      this.stringUtil = new StringUtil();

      this.checkUsername = function(str){
         if(this.stringUtil.isCharNumber(str) && this.stringUtil.startWithChar(str)){
            return true;
         }else{
            return false;
         }
      }

      this.checkAge = function(str){
         if(this.numberUtil.isUnsignInteger(str) && this.stringUtil.isLengthInRange(str,1, 3)){
            return true;
         }else{
            return false;
         }
      }
   }
</script>
<script type="text/javascript">
//////////////////////////// test ////////////////////////////
   function doRegister(){
      var facade =new Facade();

      if(!facade.checkUsername(document.getElementById("username").value)){
         document.getElementById("message").innerHTML = "username must be char , number and start with char!";
         return;
      }

      if(!facade.checkAge(document.getElementById("age").value)){
         document.getElementById("message").innerHTML = "age must be unsign integer and length between [1, 3]!";
         return;
      }

      document.getElementById("message").innerHTML = "Register successfully !";
   }
</script>
```

Result:

Facade Pattern Case Verificati
file:///E:/TestFacadeRegister.html
username must be char , number and start with char!
Username : 123Admin
Age :
Register

Facade Pattern Case Verificati
file:///E:/TestFacadeRegister.html
age must be unsign integer and length between [1, 3]!
Username : Admin
Age : 2000
Register

Facade Pattern Case Verificati
file:///E:/TestFacadeRegister.html
Register successfully !
Username : Admin
Age : 20
Register

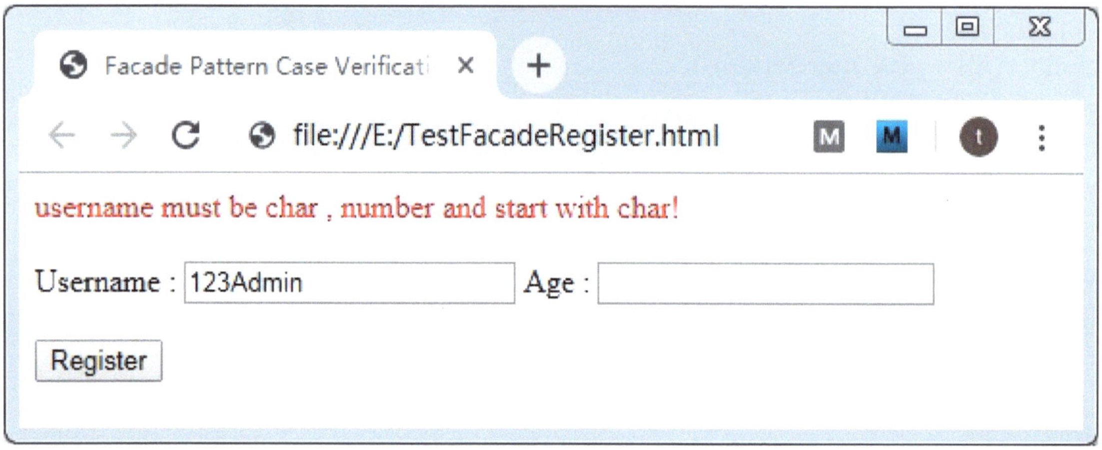

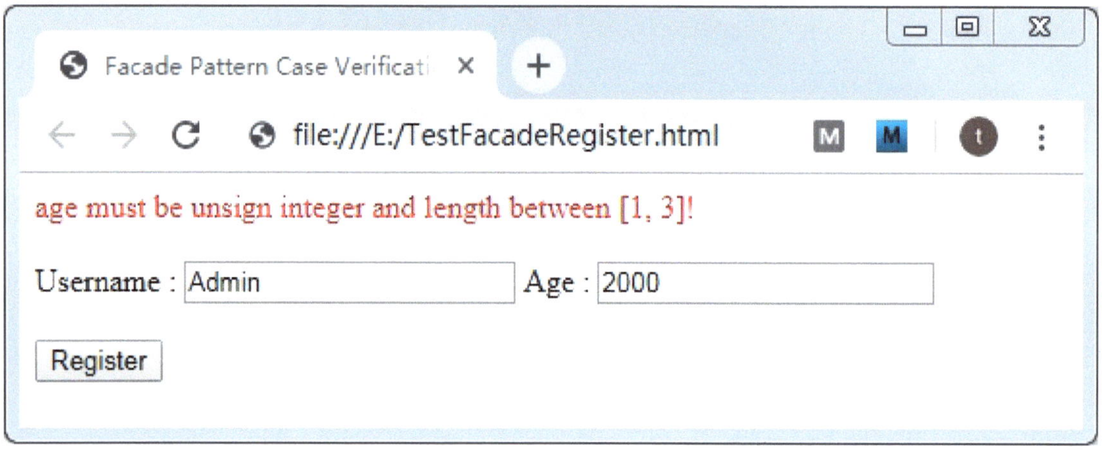

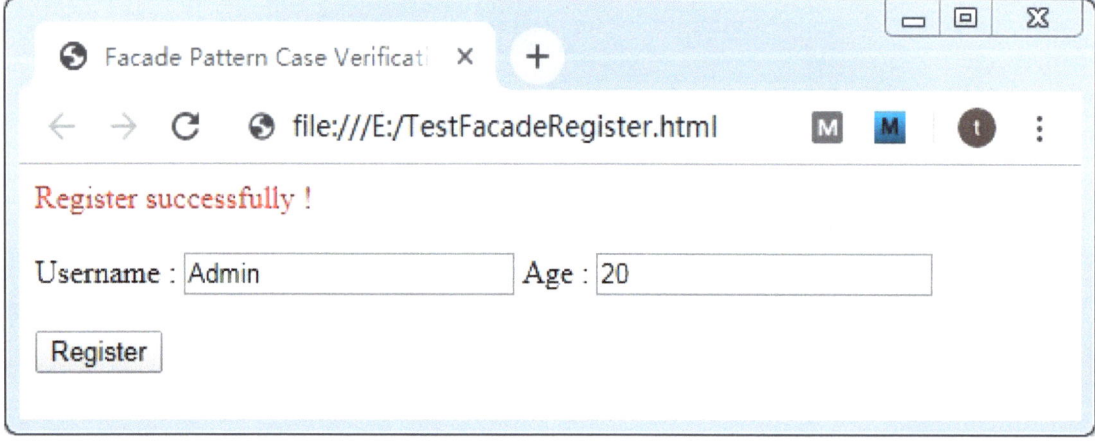

Decorator Pattern Principle

Decorator Pattern: Add responsibilities to objects dynamically. Attach additional responsibilities to an object dynamically. Decorators provide a flexible alternative to subclassing for extending functionality.

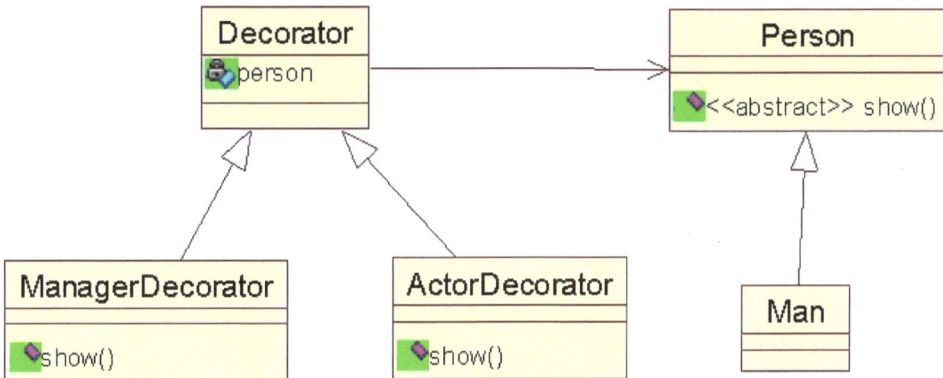

1. Create a TestDecorator.html with Notepad and open it in your browser

```javascript
<script type="text/javascript">
   function Person(){
      this.show = function(){}
   }

   function Man(){
      this.show = function(){
         document.write("I am a man <br>");
      }
   }
   Man.prototyoe = new Person();

   function Decorator(person){
      this.person = person;
   }

   function ManagerDecorator(person){
      Decorator.call(this,person);

      this.show = function(){
         this.person.show();
         document.write("I am still a manager <br>");
      }
   }
```

```
function ActorDecorator(person){
    Decorator.call(this, person);

    this.show = function(){
        this.person.show();
        document.write("I am still an international actor. <br>");
    }
}

//////////////////////////// test ////////////////////////////////
var person = new Man();
person.show();
document.write(" <br>------------------------------------ <br>")
person = new ManagerDecorator(person);
person.show();
document.write(" <br>------------------------------------ <br>")
person = new ActorDecorator(person);
person.show();
</script>
```

Result:

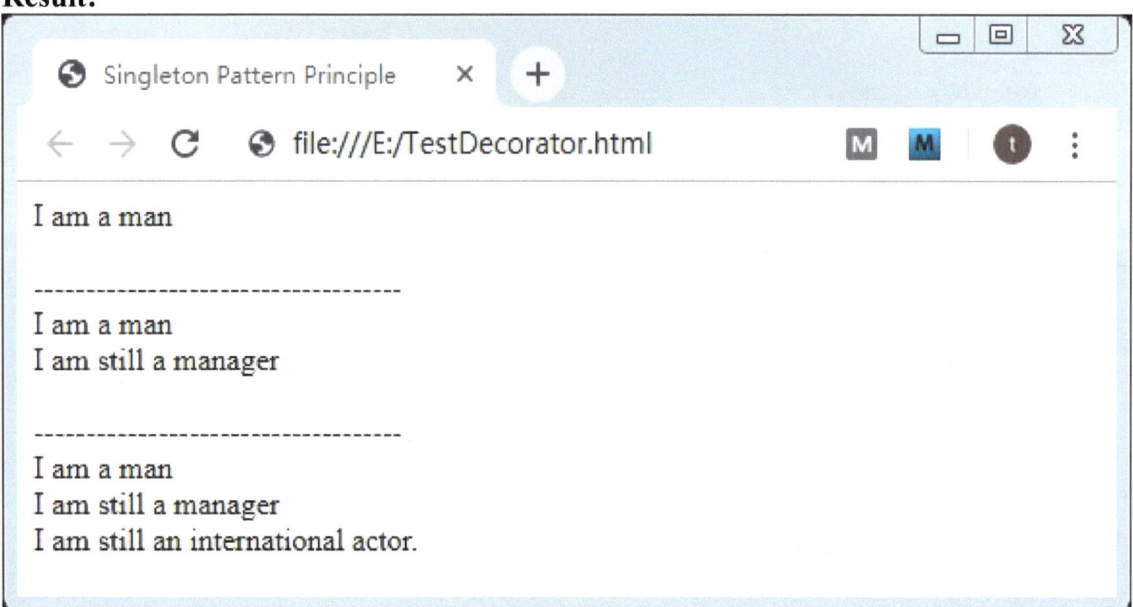

Decorator Pattern Case

Fly Games :

In an airplane game, the plane can launch a red bullet upwards, or it can decorate the aircraft bullets and simultaneously launch a white bullet down..

UML Diagram

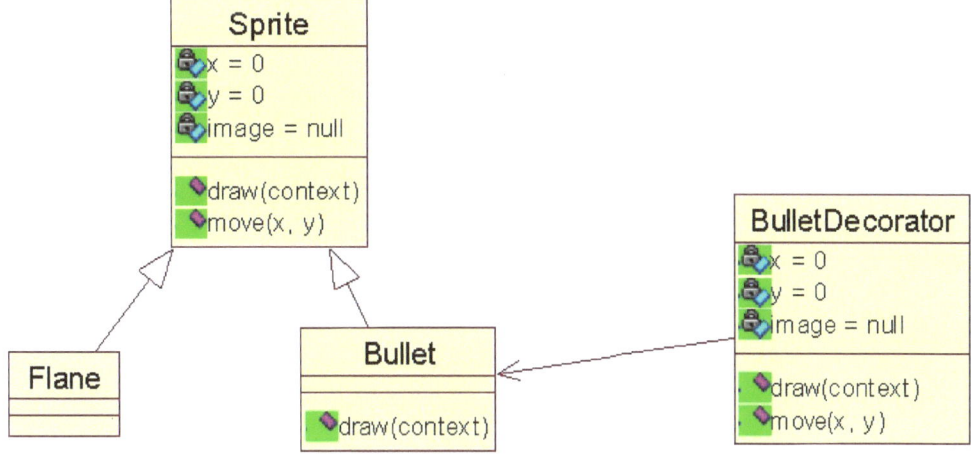

1. Create a TestDecoratorCase.html with Notepad and open it in your browser

```html
<style>
  #myCanvas{
    border:1px solid #c3c3c3;
  }
</style>
  <canvas id="myCanvas" width="250" height="300"></canvas>
  <br><br>
  Please Select Bullet :
  <input type="radio" name="bullet" value=1 onclick="doSelectBullet(this)" /> Bullet
  <input type="radio" name="bullet" value=2 onclick="doSelectBullet(this)" />
BulletDecorator
<script type="text/javascript">
  function Sprite(){
    this.x = 0 // Airplane x coordinates
    this.y = 0 // Airplane y coordinates
    this.image = null;
    this.draw = function(context){ // Draw the plane on the screen
      context.drawImage(this.image,this.x,this.y);
    }

    this.move = function(x, y){
      this.x += x;
      this.y += y;
    }

    this.getX = function(){
      return this.x;
    }
    this.setX = function(x){
      this.x = x
    }

    this.getY = function(){
      return this.y;
    }
    this.setY = function(y){
      this.y = y
    }

    this.getImage = function(){
      return this.image;
    }
```

```
    this.setImage = function(image){
       this.image = image;
    }
}

function Flane(){
   Sprite.call(this);

}

function Bullet(){
   Sprite.call(this);

   this.draw = function(context){
      this.move(0, -20);
      context.drawImage(this.image,this.x,this.y);
   }
}

function BulletDecorator(bullet){
   this.bullet = bullet;
   this.x = 0 // Airplane x coordinates
   this.y = 0 // Airplane y coordinates
   this.image = null;

   this.move = function(x, y){
      this.x += x;
      this.y += y;
   }

   this.getX = function(){
      return this.x;
   }
   this.setX = function(x){
      this.x = x
   }

   this.getY = function(){
      return this.y;
   }
   this.setY = function(y){
      this.y = y
   }
```

```javascript
        this.getImage = function(){
            return this.image;
        }
        this.setImage = function(image){
            this.image = image;
        }

        this.draw = function(context){
            this.bullet.draw(context);
            this.move(0, 20);
            context.drawImage(this.image,this.x,this.y);
        }
    }

////////////////////////////// test //////////////////////////////
    var myCanvas = document.getElementById("myCanvas");
    var context = myCanvas.getContext("2d");

    var canvasWidth = 250;
    var canvasHeight = 300;
    var bulletType = 1;

    var flane = new Flane();
    var flaneImage = new Image();
    flaneImage.src = "./images/player.png";
    flane.setImage(flaneImage);
    flaneImage.onload = function(){
        flane.setX(110);
        flane.setY(150);
        flane.draw(context);
    };

    var bullet = null;
    var bulletImage = null;
    function initBulletPosition(){
        bullet.setX(flane.getX() + flane.getImage().width/2 - bullet.getImage().width/2);
        bullet.setY(flane.getY());
    }
```

```js
function createBullet(){
    bulletImage = new Image();
    bulletImage.src = "./images/bullet.png";
    bullet = new Bullet();
    bullet.setImage(bulletImage);
    bulletImage.onload = function(){
        initBulletPosition();
    };
}

createBullet();
///////////////////////////////////////////////////////
var bulletDecorator = null;
var bulletDecoratorImage = null;
function initDecoratorBulletPosition(){
    bulletDecorator.setX(flane.getX() + flane.getImage().width/2 - bulletDecorator.getImage().width/2);
    bulletDecorator.setY(flane.getY() + flane.getImage().height);
}
function createDecoratorBullet(){
    bulletDecoratorImage = new Image();
    bulletDecoratorImage.src = "./images/bullet2.png";
    bulletDecorator = new BulletDecorator(bullet);
    bulletDecorator.setImage(bulletDecoratorImage);
    bulletDecoratorImage.onload = function(){
        initDecoratorBulletPosition();
    };
}
createDecoratorBullet();
///////////////////////////////////////////////////////
function doSelectBullet(obj){
    bulletType = obj.value;
    if(bulletType == 1){
        createBullet();
    }else if(bulletType == 2){
        createDecoratorBullet();
    }
}
```

```javascript
function redraw(context){
    context.fillRect(0,0,canvasWidth,canvasHeight);
    flane.draw(context);
    if(bulletType == 1){
       if(bullet.getY()<=0){
          initBulletPosition();
       }
       bullet.draw(context);
    }else if(bulletType == 2){
       if(bullet.getY()<=0){
          initBulletPosition();
       }
       if(bulletDecorator.getY()>=canvasHeight){
          initDecoratorBulletPosition();
       }
       bulletDecorator.draw(context);
    }
}

setInterval(
    function(){
       redraw( context ); // Draw the current picture.
    },
    200  // millisecond
);

</script>
```

Result:

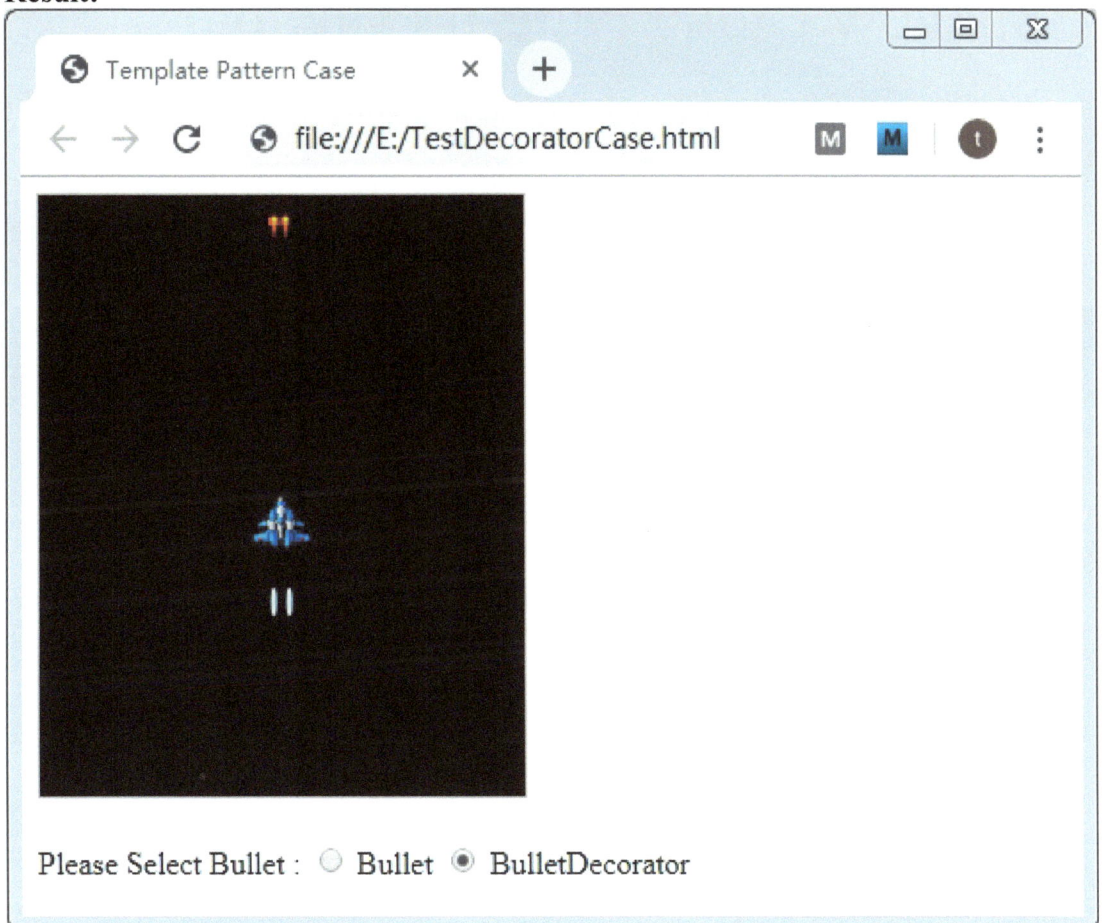

Shallow Clone Pattern Principle

Shallow clones only copy basic data types

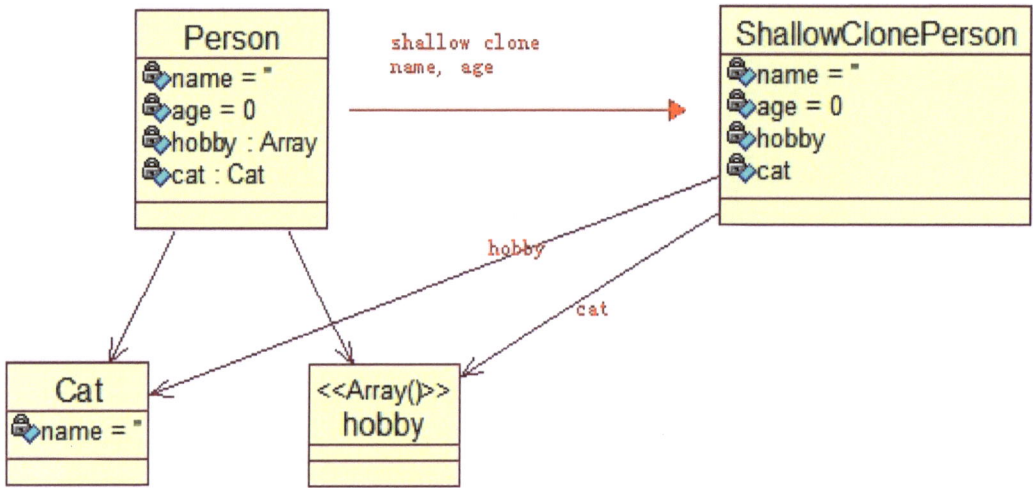

1. Create a TestShallowClone.html with Notepad and open it in your browser

```javascript
<script type="text/javascript">
  function Cat(name){
    this.name = name;

    this.getName = function(){
      return this.name;
    }
    this.setName = function(name){
      this.name = name;
    }
  }
```

```javascript
function Person(){
    this.name = '';
    this.age = 0;
    this.hobby = null;
    this.cat = null;

    this.getName = function(){
        return this.name;
    }
    this.setName = function(name){
        this.name = name;
    }

    this.getAge = function(){
        return this.age;
    }
    this.setAge = function(age){
        this.age = age;
    }

    this.getHobby = function(){
        return this.hobby;
    }
    this.setHobby = function(hobby){
        this.hobby = hobby;
    }

    this.getCat = function(){
        return this.cat;
    }
    this.setCat = function(cat){
        this.cat = cat;
    }
}

//Shallow clone
function shallowClone(obj) {
    var newObj = {};
    for(var i in obj){
        newObj[i] = obj[i];
    }
    return newObj;
}
```

```javascript
//////////////////////////// test ////////////////////////////
    var person1 = new Person();
    person1.setName("David");
    person1.setAge(20);
    person1.setHobby(new Array("BasketBall","Swimming"));
    person1.setCat(new Cat("BlackCat"));
    document.write("--------------- Original Person : --------------- <br>");
    document.write(person1.getName() + "<br>");
    document.write(person1.getAge() + "<br>");
    document.write(person1.getHobby() + "<br>");
    document.write(person1.getCat().getName() + "<br>");

    var shallowClonePerson = shallowClone(person1);
    document.write("--------------- Shallow Clone Person : --------------- <br>");
    document.write(shallowClonePerson.getName() + "<br>");
    document.write(shallowClonePerson.getAge() + "<br>");
    document.write(shallowClonePerson.getHobby() + "<br>");
    document.write(shallowClonePerson.getCat().getName() + "<br>");

    person1.setName("Grace");
    person1.setAge(30);
    person1.getHobby().push("Reading");
    person1.getCat().setName("WhiteCat");
    document.write("--------------- Original Changed Person : --------------- <br>");
    document.write(person1.getName() + "<br>");
    document.write(person1.getAge() + "<br>");
    document.write(person1.getHobby() + "<br>");
    document.write(person1.getCat().getName() + "<br>");

    document.write("--------------- Shallow Clone Person : --------------- <br>");
    document.write(shallowClonePerson.getName() + "<br>");
    document.write(shallowClonePerson.getAge() + "<br>");
    document.write(shallowClonePerson.getHobby() + "<br>");
    document.write(shallowClonePerson.getCat().getName() + "<br>");

</script>
```

Result:

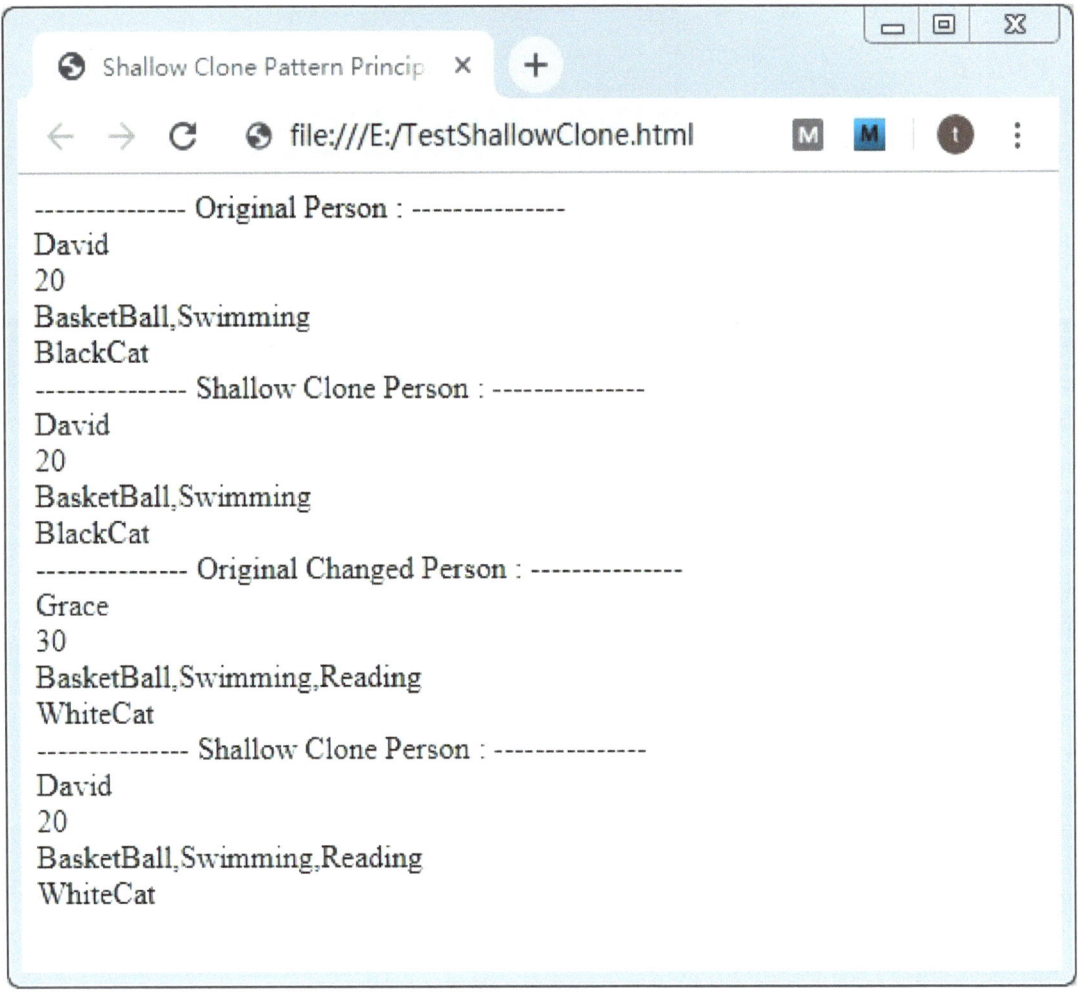

The shallowClonePerson and person instances point to different name, age but point to the same hobby,cat reference

Deep Clone Pattern Principle

Deep Clone Pattern :
can copy base data type and reference object.

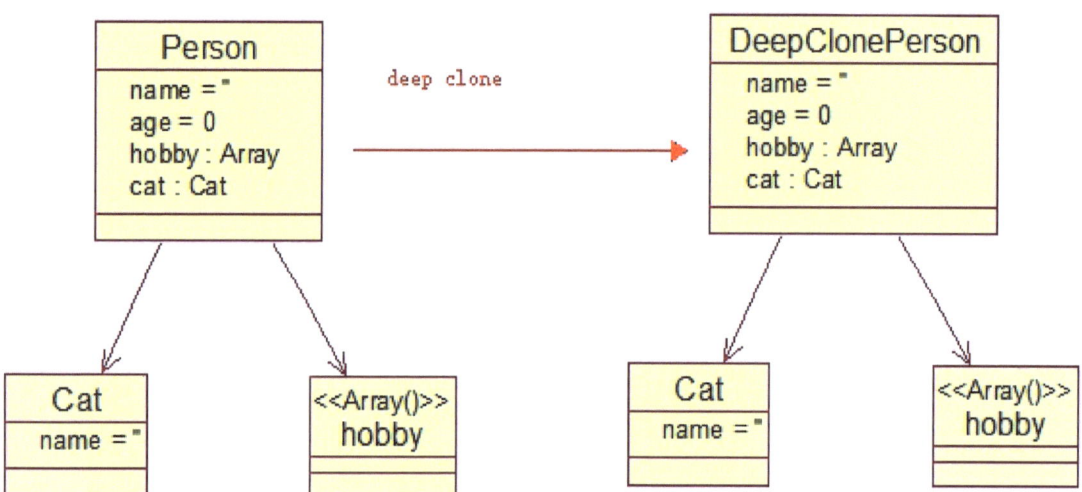

1. Create a TestDeepClone.html with Notepad and open it in your browser

```javascript
<script type="text/javascript">
  function Cat(name){
    this.name = name;

    this.getName = function(){
      return this.name;
    }
    this.setName = function(name){
      this.name = name;
    }
  }
```

```javascript
function Person(name, age, hobby, cat){
    this.name = name;
    this.age = age;
    this.hobby = hobby;
    this.cat = cat;

    this.getName = function(){
        return this.name;
    }
    this.setName = function(name){
        this.name = name;
    }

    this.getAge = function(){
        return this.age;
    }
    this.setAge = function(age){
        this.age = age;
    }

    this.getHobby = function(){
        return this.hobby;
    }
    this.setHobby = function(hobby){
        this.hobby = hobby;
    }

    this.getCat = function(){
        return this.cat;
    }
    this.setCat = function(cat){
        this.cat = cat;
    }
}
```

```javascript
//deep clone
function deepClone(obj,newObj){
    var newObj = newObj||{};
    for(var i in obj){
        if(typeof obj[i]==='object'){
            newObj[i] = (obj[i].constructor === Array) ? [] : {};
            deepClone(obj[i],newObj[i]);
        }else {
            newObj[i] = obj[i];
        }
    }
    return newObj;
}

///////////////////////////// test /////////////////////////////
    var person1 = new Person();
    person1.setName("David");
    person1.setAge(20);
    person1.setHobby(new Array("BasketBall","Swimming"));
    person1.setCat(new Cat("BlackCat"));
    document.write("------ Original Person : -------- <br>");
    document.write(person1.getName() + "<br>");
    document.write(person1.getAge() + "<br>");
    document.write(person1.getHobby() + "<br>");
    document.write(person1.getCat().getName() + "<br>");

    var deepClonePerson = deepClone(person1);
    document.write("-------- Deep Clone Person : -------- <br>");
    document.write(deepClonePerson.getName() + "<br>");
    document.write(deepClonePerson.getAge() + "<br>");
    document.write(deepClonePerson.getHobby() + "<br>");
    document.write(deepClonePerson.getCat().getName() + "<br>");

    person1.setName("Grace");
    person1.setAge(30);
    person1.getHobby().push("Reading");
    person1.getCat().setName("WhiteCat");
    document.write("--------- Original Changed Person : ------- <br>");
    document.write(person1.getName() + "<br>");
    document.write(person1.getAge() + "<br>");
    document.write(person1.getHobby() + "<br>");
    document.write(person1.getCat().getName() + "<br>");
```

```
        document.write("------ Deep Clone Person : -------- <br>");
        document.write(deepClonePerson.getName() + "<br>");
        document.write(deepClonePerson.getAge() + "<br>");
        document.write(deepClonePerson.getHobby() + "<br>");
        document.write(deepClonePerson.getCat().getName() + "<br>");
    </script>
```

Result:

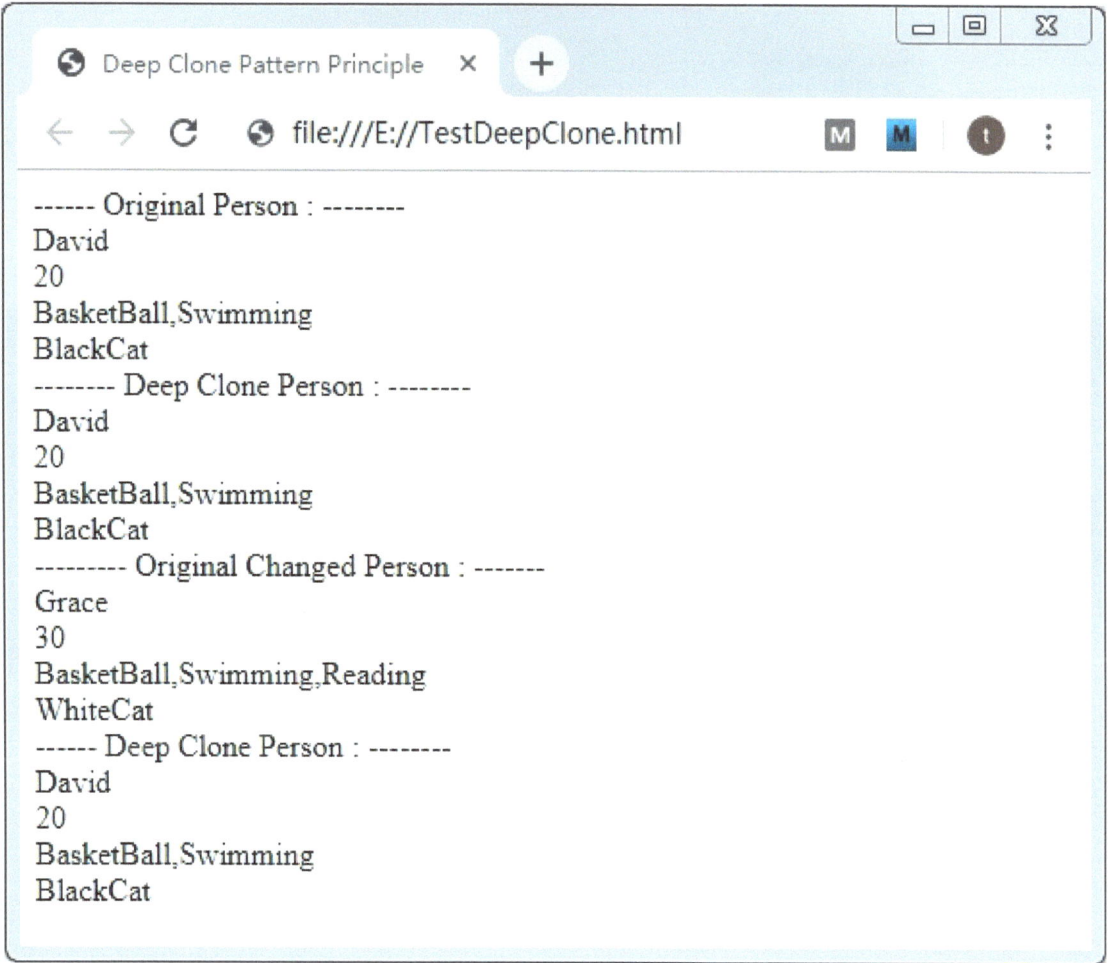

The deepClonePerson and person instances point to different name, age, hobby, cat

Clone Pattern Case

Clone add contacts.

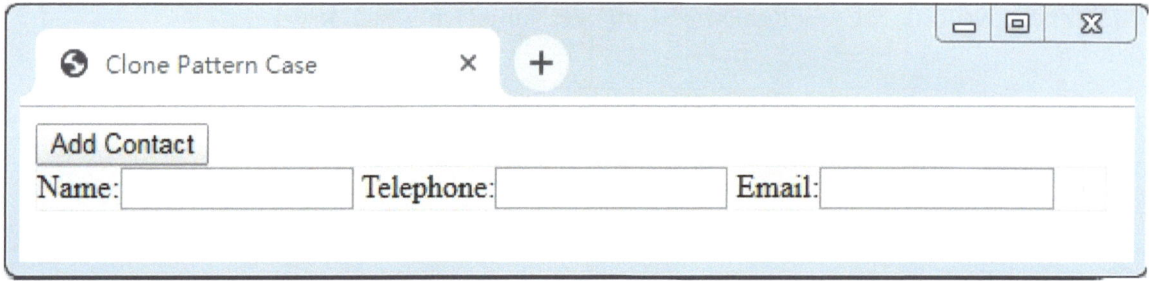

1. Create a TestCloneCase.html with Notepad and open it in your browser

```html
<style>
  #contact{
    border:1px solid #dddddd;
    background-color:eeeeee;
    width:550px;
    font-size:16px;
  }
  #contact input{
    width: 120px;
  }
</style>

  <input type="button" value="Add Contact" onclick="doAddContact()" />
  <div id="contact_list">
    <div id="contact">
      Name:<input type="text" /> Telephone:<input type="text" /> Email:<input type="text" />
    </div>
  </div>

<script type="text/javascript">
  function doAddContact(){
    var contactObj = document.getElementById("contact");
    newContactObj = contactObj.cloneNode(true);
    document.getElementById("contact_list").appendChild(newContactObj);
  }
</script>
```

Result:

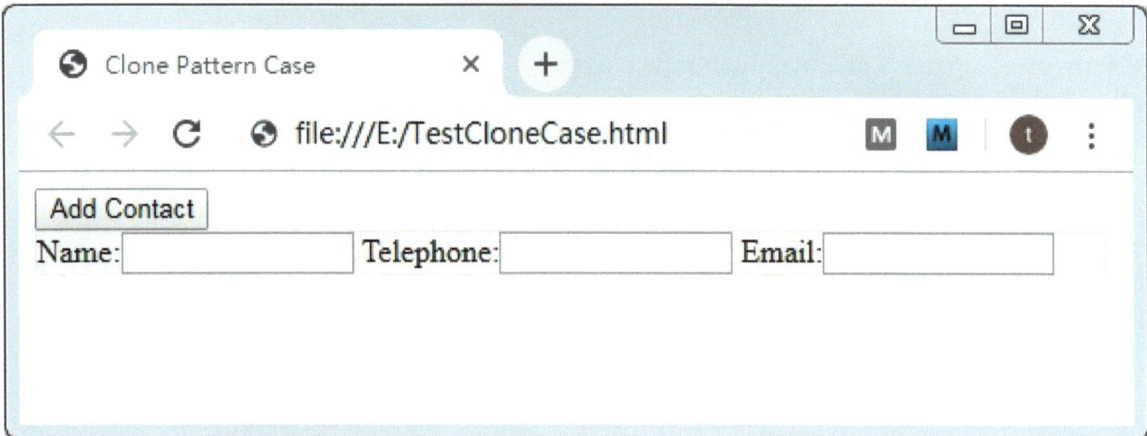

Click Add Contact Button

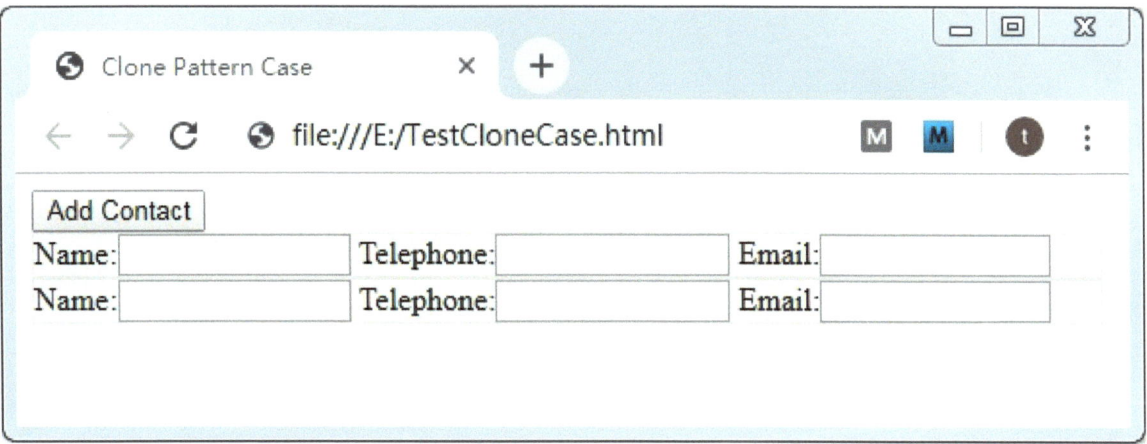

Bridge Pattern Principle

Bridge Pattern : Separates an object's interface from its implementation. Decouple an abstraction from its implementation so that the two can vary independently.

1. Different people can wear different clothes

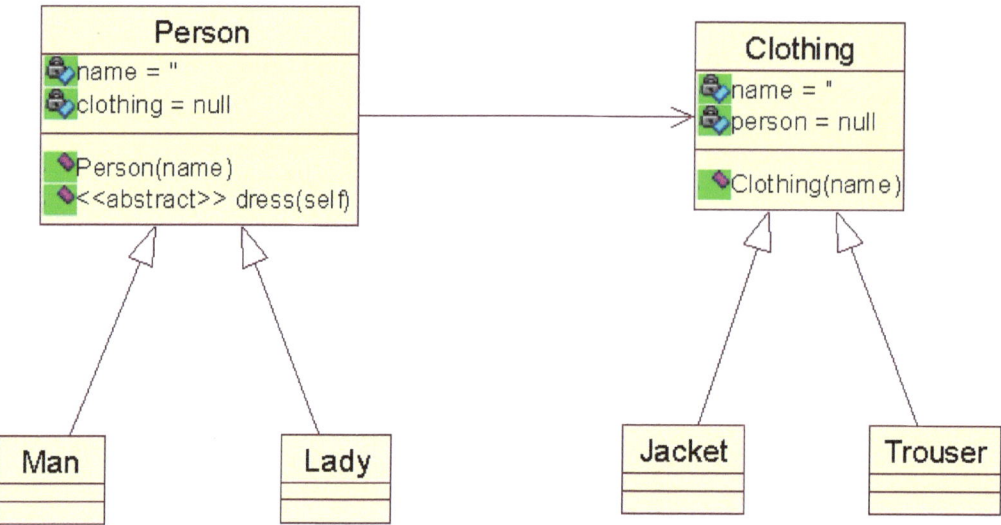

1. Create a TestBridge.html with Notepad and open it in your browser

```javascript
<script type="text/javascript">
  function Person(name){
    this.name = name;
    this.clothing = null;

    this.getName = function(){
      return this.name;
    }
    this.setName = function(name){
      this.name = name;
    }

    this.getClothing = function(){
      return this.clothing;
    }
    this.setClothing = function(clothing){
      this.clothing = clothing;
    }

    this.dress = function(){

    }
  }

  function Man(name){
    Person.call(this, name);

    this.dress = function(){
      document.write(this.getName() + " wear " + this.clothing.getName() + "<br>");
    }
  }

  function Lady(name){
    Person.call(this, name);

    this.dress = function(){
      document.write(this.getName() + " wear " + this.clothing.getName() + "<br>");
    }
  }
```

```javascript
function Clothing(name){
   this.name = name;
   this.person = null;

   this.getName = function(){
      return this.name;
   }
   this.setName = function(name){
      this.name = name;
   }

   this.getPerson = function(){
      return this.person;
   }
   this.setPerson = function(person){
      this.person = person;
   }
}

function Jacket(name){
   Clothing.call(this, name);
}

function Trouser(name){
   Clothing.call(this, name);
}
```

```
///////////////////////////// test /////////////////////////////
    var man = new Man("Man");
    var lady = new Lady("Lady");

    var jacket = new Jacket("Jacket");
    var trouser = new Trouser("Trouser");

    man.setClothing(jacket); // Man wear Jacket
    man.dress();

    man.setClothing(trouser); // Man wear Trouser
    man.dress();

    lady.setClothing(jacket); // Lady wear Jacket
    lady.dress();

    lady.setClothing(trouser); // Lady wear Trouser
    lady.dress();
</script>
```

Result:

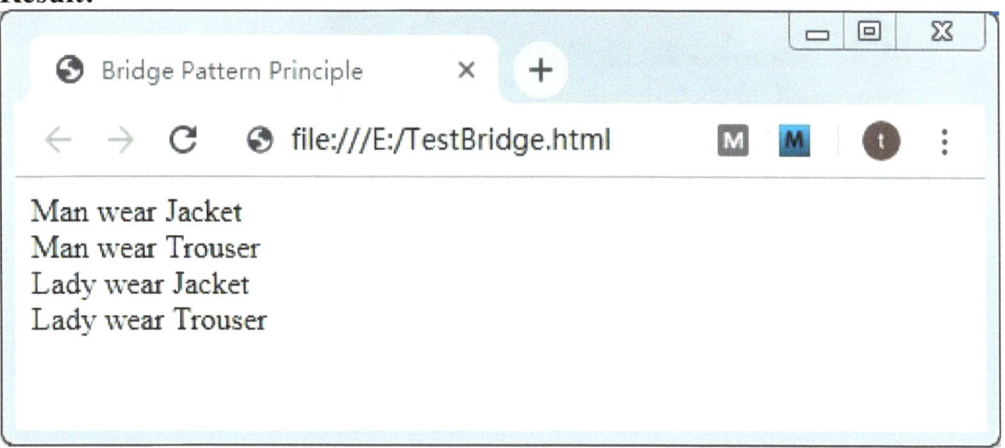

Bridge Pattern Case

Bridge Pattern :
Separate the abstract part from its implementation so that they can all change independently.

1. Different airplane fire different bullets

2. UML Diagram

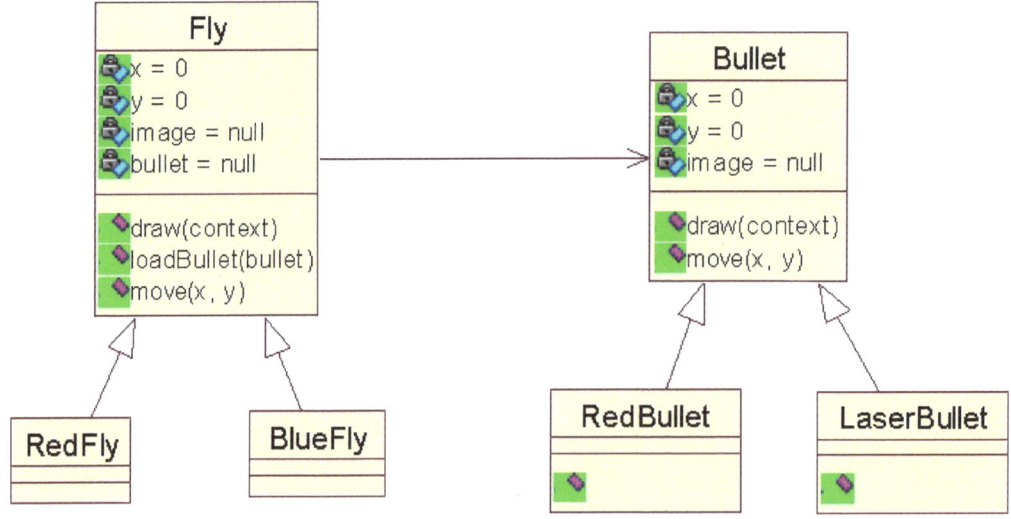

1. Create a TestBridgeCase.html with Notepad and open it in your browser

```html
<style>
  #myCanvas{
    border:1px solid #c3c3c3;
  }
</style>

<center>
  <canvas id="myCanvas" width="300" height="300"></canvas>
</center>

<script type="text/javascript">
  function Fly(){
    this.x = 0 // Airplane x coordinates
    this.y = 0 // Airplane y coordinates
    this.image = null;
    this.bullet = null;

    this.draw = function(context){
      context.drawImage(this.image,this.x,this.y);
      this.bullet.draw(context);
    }

    this.loadBullet = function(bullet){
      this.bullet = bullet;
    }

    this.move = function(x, y){
      this.x += x;
      this.y += y;
    }

    this.getX = function(){
      return this.x;
    }
    this.setX = function(x){
      this.x = x
    }

    this.getY = function(){
      return this.y;
    }
```

```javascript
      this.setY = function(y){
         this.y = y
      }

      this.getImage = function(){
         return this.image;
      }
      this.setImage = function(image){
         this.image = image;
      }
   }

   function BlueFly(){
      Fly.call(this);

   }

   function RedFly(){
      Fly.call(this);

   }

   function Bullet(){
      this.x = 0 // Airplane x coordinates
      this.y = 0 // Airplane y coordinates
      this.image = null;

      this.draw = function(context){
         context.drawImage(this.image,this.x,this.y);
      }

      this.move = function(x, y){
         this.x += x;
         this.y += y;
      }

      this.getX = function(){
         return this.x;
      }
      this.setX = function(x){
         this.x = x
      }
```

```javascript
    this.getY = function(){
        return this.y;
    }
    this.setY = function(y){
        this.y = y
    }

    this.getImage = function(){
        return this.image;
    }
    this.setImage = function(image){
        this.image = image;
    }
}

function RedBullet(){
    Bullet.call(this);

    this.draw = function(context){
        this.move(0, -20);
        context.drawImage(this.image,this.x,this.y);
    }
}

function LaserBullet(){
    Bullet.call(this);

    this.draw = function(context){
        this.move(0, -20);
        context.drawImage(this.image,this.x,this.y);
    }
}
```

```javascript
/////////////////testing//////////////////////////////
var myCanvas = document.getElementById("myCanvas");
var context = myCanvas.getContext("2d");

var canvasWidth = 300;
var canvasHeight = 300;
var redFlyBulletType = 1;
var blueFlyBulletType = 2;

var redFly = new RedFly();
var redFlyImage = new Image();
redFlyImage.src = "./images/red_fly.png";
redFly.setImage(redFlyImage);
redFlyImage.onload = function(){
    redFly.setX(50);
    redFly.setY(250);
};

var redBullet = null;
var redBulletImage = null;
function initRedBulletPosition(fly){
    redBullet.setX(fly.getX() + fly.getImage().width/2 - redBullet.getImage().width/2);
    redBullet.setY(fly.getY());
}

function createRedBullet(fly){
    redBulletImage = new Image();
    redBulletImage.src = "./images/red_bullet.png";
    redBullet = new RedBullet();
    redBullet.setImage(redBulletImage);
    redBulletImage.onload = function(){
        initRedBulletPosition(fly);
    };
    fly.loadBullet(redBullet);
}
///////////////////////////////////////////////////
var blueFly = new BlueFly();
var blueFlyImage = new Image();
blueFlyImage.src = "./images/blue_fly.png";
blueFly.setImage(blueFlyImage);
blueFlyImage.onload = function(){
    blueFly.setX(200);
    blueFly.setY(250);
};
```

```javascript
var laserBullet = null;
var laserBulletImage = null;
function initLaserBulletPosition(fly){
    laserBullet.setX(fly.getX() + fly.getImage().width/2 - laserBullet.getImage().width/2);
    laserBullet.setY(fly.getY());
}
function createLaserBullet(fly){
    laserBulletImage = new Image();
    laserBulletImage.src = "./images/laser_bullet.png";
    laserBullet = new LaserBullet();
    laserBullet.setImage(laserBulletImage);
    laserBulletImage.onload = function(){
        initLaserBulletPosition(fly);
    };
    fly.loadBullet(laserBullet);
}
/////////////////////////////////////////////////////
    createRedBullet(redFly);
    createLaserBullet(blueFly);
    //createRedBullet(blueFly);
    //createLaserBullet(redFly);
/////////////////////////////////////////////////////
function redraw(context){
    context.fillRect(0,0,canvasWidth,canvasHeight);
    redFly.draw(context);
    blueFly.draw(context);

    if(redBullet.getY()<=0){
        initRedBulletPosition(redFly);
    }
    if(laserBullet.getY()<=0){
        initLaserBulletPosition(blueFly);
    }
}

setInterval(
    function(){
        redraw( context ); // Draw the current picture.
    },
    200  // millisecond
);
</script>
```

Result:

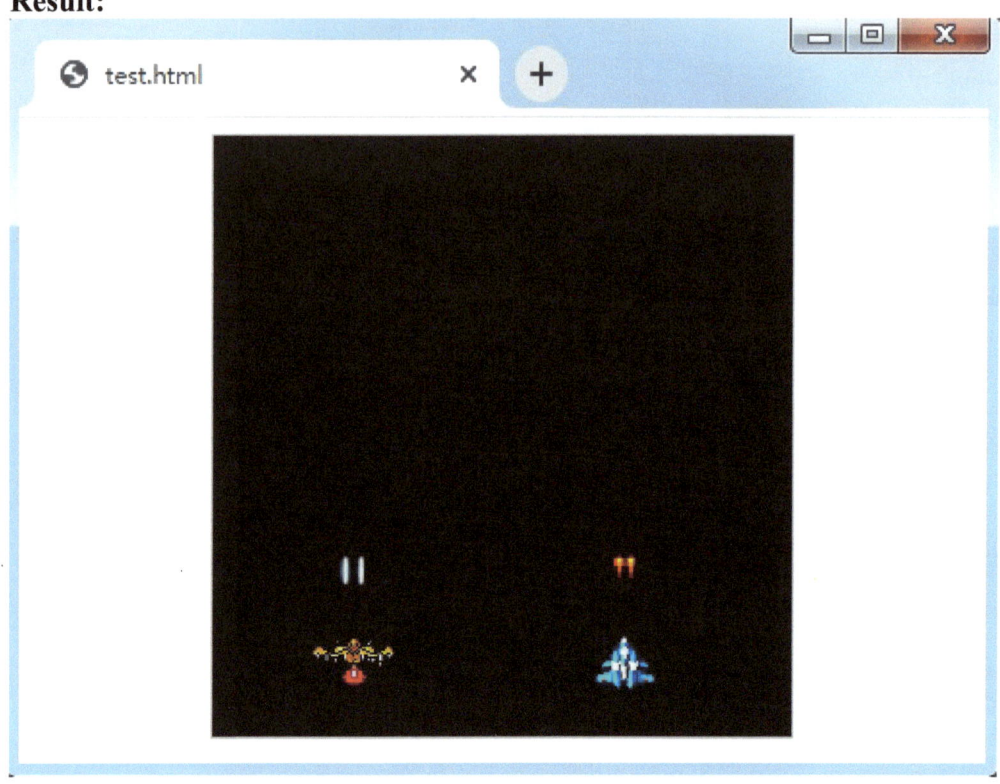

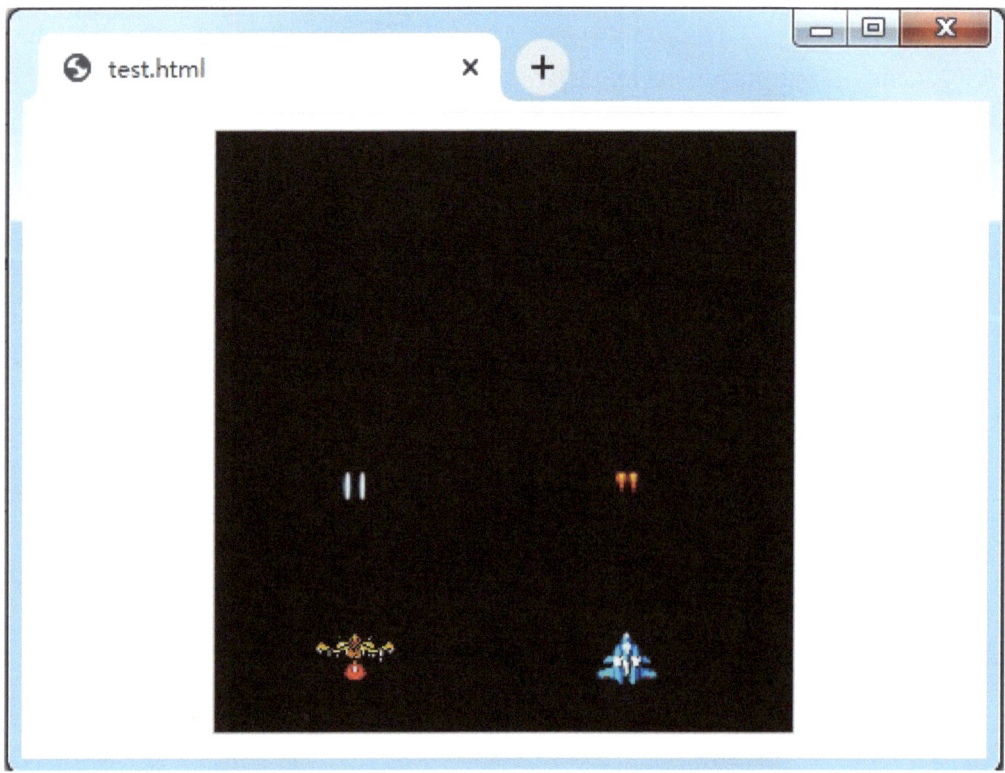

FlyWeight Pattern Principle

FlyWeight Pattern : A fine-grained instance used for efficient sharing. Use sharing to support large numbers of fine-grained objects efficiently. A flyweight is a shared object that can be used in multiple contexts simultaneously. The flyweight acts as an independent object in each context — it's indistinguishable from an instance of the object that's not shared.

Some data can be stored in the cache. The client can get the data directly from the cache and improve the query speed.

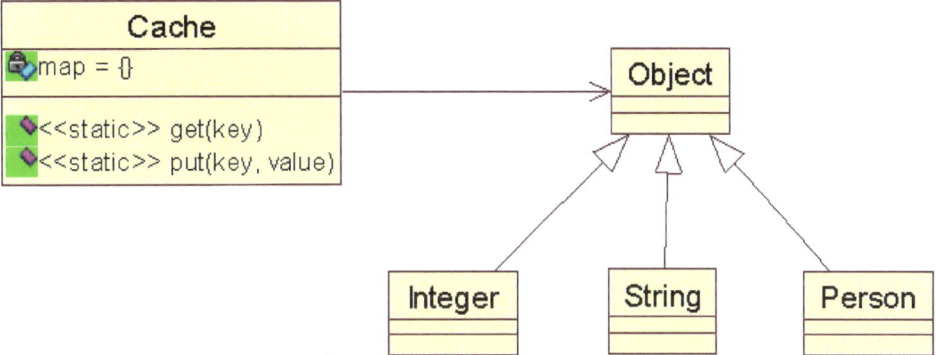

1. Create a TestFlyWeight.html with Notepad and open it in your browser

```javascript
<script type="text/javascript">
  function Person(name){
    this.name = name;

    this.getName = function(){
      return this.name;
    }
    this.setName = function(name){
      this.name = name;
    }
  }

  var Cache = {
    map : {},

    get: function(key){
      return Cache.map[key];
    },
    put: function(key, value){
      Cache.map[key] = value;
    }
  };
```

```
//////////////////////////// test ////////////////////////////
    // Basic data types are stored in the cache
    Cache.put("1", 1000);

    // String are stored in the cache
    Cache.put("name", "Grace");

    // Object are stored in the cache
    Cache.put("person", new Person("Sala"));

    // Get data from the cache
    document.write("int : " + Cache.get("1") + "<br>");
    document.write("String : " + Cache.get("name") + "<br>");

    person = Cache.get("person");
    document.write("Person Object : " + person.getName() + "<br>");
</script>
```

Result:

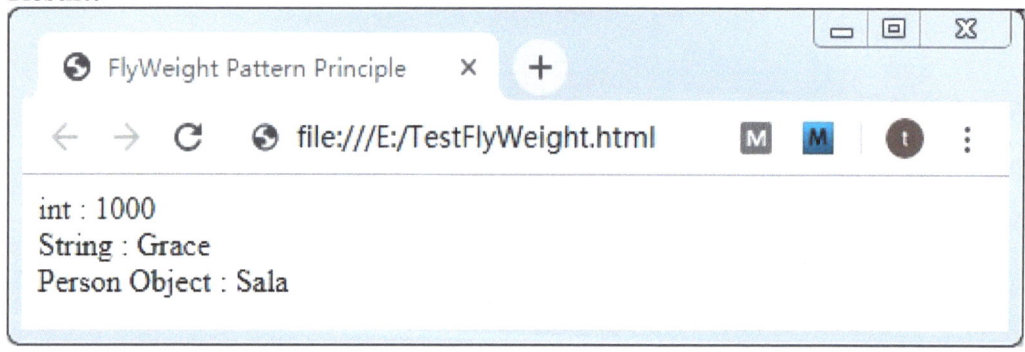

FlyWeight Pattern Case

Cache data from the shopping cart to localStorage :

Product	Price	Quantity
Easy Learning Javascript	3.99	1
Easy Learning Java	3.99	1
Easy Learning Python 3	3.99	1

1. Create a TestFlyWeightCase.html with Notepad and open it in your browser

```html
<style>
  #product_table{
     border:1px solid #dddddd;
     background-color:eeeeee;
     width:550px;
     font-size:16px;
  }
  #product input{
     width: 120px;
  }
</style>
  <table id="product_table">
    <tr>
      <td>Product</td>
      <td>Price</td>
      <td>Quantity</td>
    </tr>
  </table>
<script type="text/javascript">
  var cartJson = null;
  if(localStorage.getItem("cart") == null){
     //for example this json data from server
     cartJson = [
        {"product":"Easy Learning Javascript", "price":3.99, "quantity":1},
        {"product":"Easy Learning Java", "price":3.99, "quantity":1},
        {"product":"Easy Learning Python 3", "price":3.99, "quantity":1}
     ]

     localStorage.setItem("cart", JSON.stringify(cartJson)); // localStorage is cache
  }else{
     cartJson = JSON.parse(localStorage.getItem("cart"));
  }
```

```
///////////////////////////// test /////////////////////////////
   var product_table = document.getElementById("product_table");
   for(var i=0; i<cartJson.length; i++){
      var item = cartJson[i];
      var product_tr = product_table.insertRow();
      var product = product_tr.insertCell();
      var price = product_tr.insertCell();
      var quantity = product_tr.insertCell();

      product.innerHTML = item.product;
      price.innerHTML = item.price;
      quantity.innerHTML = item.quantity;
   }
</script>
```

Result:

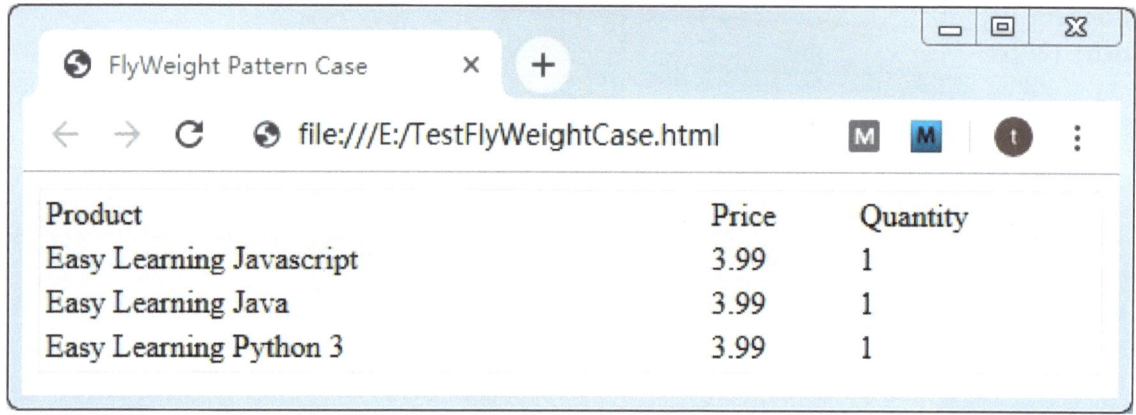

Chain Pattern Principle

Chain Pattern : A way of passing a request between a chain of objects. Avoid coupling the sender of a request to its receiver by giving more than one object a chance to handle the request. Chain the receiving objects and pass the request along the chain until an object handles it.

1. Resignation Apply -> Financial Review -> Manager Review -> Approval

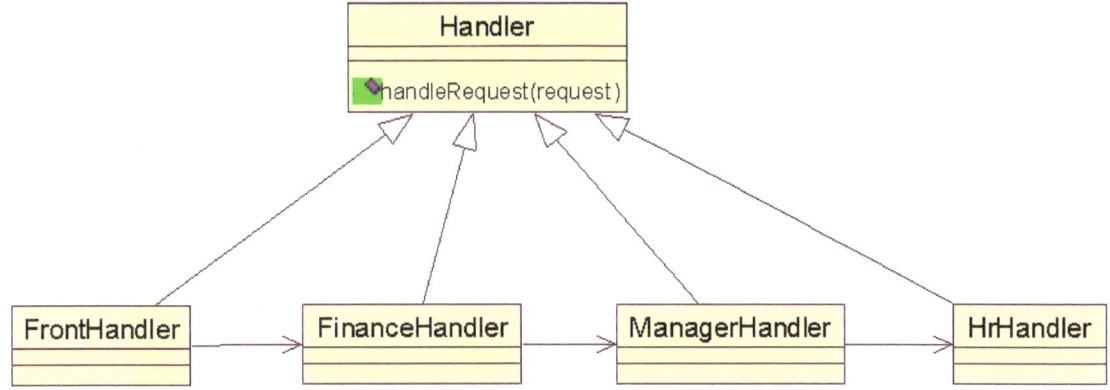

1. Create a TestChain.html with Notepad and open it in your browser

```html
<script type="text/javascript">
  function Handler(){
     this.handleRequest = function(request){}
  }

  function FrontHandler(nextHandler){
     Handler.call(this);

     this.nextHandler = nextHandler;

     this.handleRequest = function(request){
        if("ResignationApply" == request){
           document.write("Resignation Apply -> ")
           if(this.nextHandler != null){
              this.nextHandler.handleRequest("FinancialReview");
           }
        }
     }
  }
```

```javascript
function FinanceHandler(nextHandler){
   Handler.call(this);
   this.nextHandler = nextHandler;

   this.handleRequest = function(request){
      if("FinancialReview" == request){
         document.write("Financial Review Completed -> ")
         if(this.nextHandler != null){
            this.nextHandler.handleRequest("ManagerReview");
         }
      }
   }
}

function ManagerHandler(nextHandler){
   Handler.call(this);

   this.nextHandler = nextHandler;

   this.handleRequest = function(request){
      if("ManagerReview" == request){
         document.write("Manager Review Completed -> ")
         if(this.nextHandler != null){
            this.nextHandler.handleRequest("Approval");
         }
      }
   }
}

function HrHandler(nextHandler){
   Handler.call(this);

   this.nextHandler = nextHandler;

   this.handleRequest = function(request){
      if("Approval" == request){
         document.write("HR Approval -> ")
         if(this.nextHandler != null){
            this.nextHandler.handleRequest("Approval Completed");
         }
      }
   }
}
```

```
        var hrHandler = new HrHandler(null);
        var managerHandler = new ManagerHandler(hrHandler);
        var financeHandler = new FinanceHandler(managerHandler);
        var frontHandler = new FrontHandler(financeHandler);
        frontHandler.handleRequest("ResignationApply");
    </script>
</body>
</html>
```

Result:

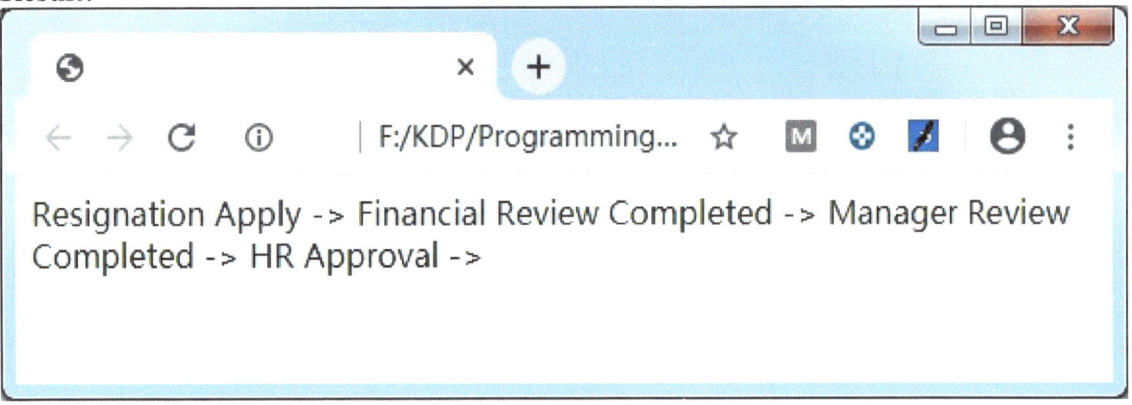

Resignation Apply -> Financial Review Completed -> Manager Review Completed -> HR Approval ->

Chain Pattern Case

Javascript Dom event bubbling mechanism is chain pattern:

level_3_box -> level_2_box -> level_1_box -> body ->

The event is always passed up to the body when the level_3_box div is clicked

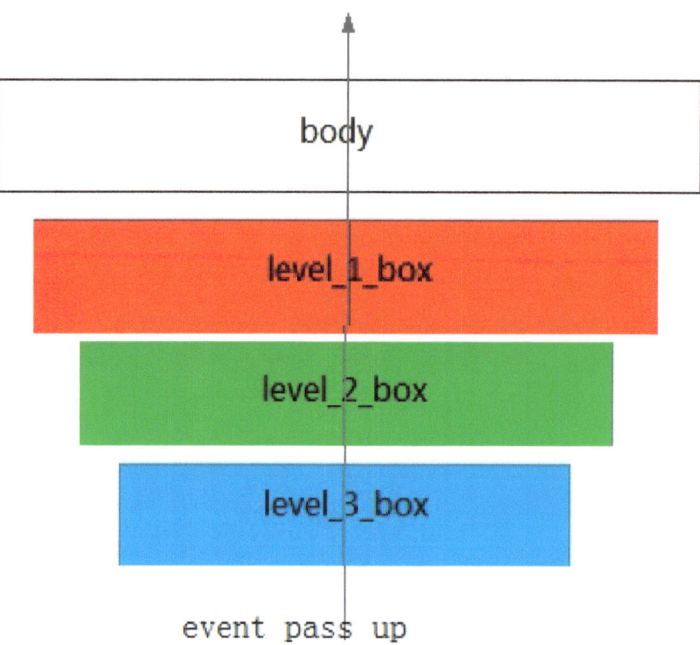

1. Create a TestChainCase.html with Notepad and open it in your browser

```html
<style>
  #level_1_box{
    border:1px solid red;
    background-color:red;
    width:300px;
    height:300px;
  }
  #level_2_box{
    border:1px solid green;
    background-color:green;
    width:200px;
    height:200px;
  }
  #level_3_box{
    border:1px solid blue;
    background-color:blue;
    width:100px;
    height:100px;
    color:white;
  }
</style>
<body id="body">
  <div id="level_1_box">
    <div id="level_2_box">
      <div id="level_3_box">level_3_box</div>
    </div>
  </div>
  <br>
  <span id="result"></span>
</body>
<script type="text/javascript">
  window.onload = function() {
    document.getElementById("body").addEventListener("click",eventHandler);
    document.getElementById("level_1_box").addEventListener("click",eventHandler);
    document.getElementById("level_2_box").addEventListener("click",eventHandler);
    document.getElementById("level_3_box").addEventListener("click",eventHandler);
  }

  function eventHandler(event) {
    document.getElementById("result").innerHTML += event.currentTarget.id + " -> ";
  }
</script>
```

Result:

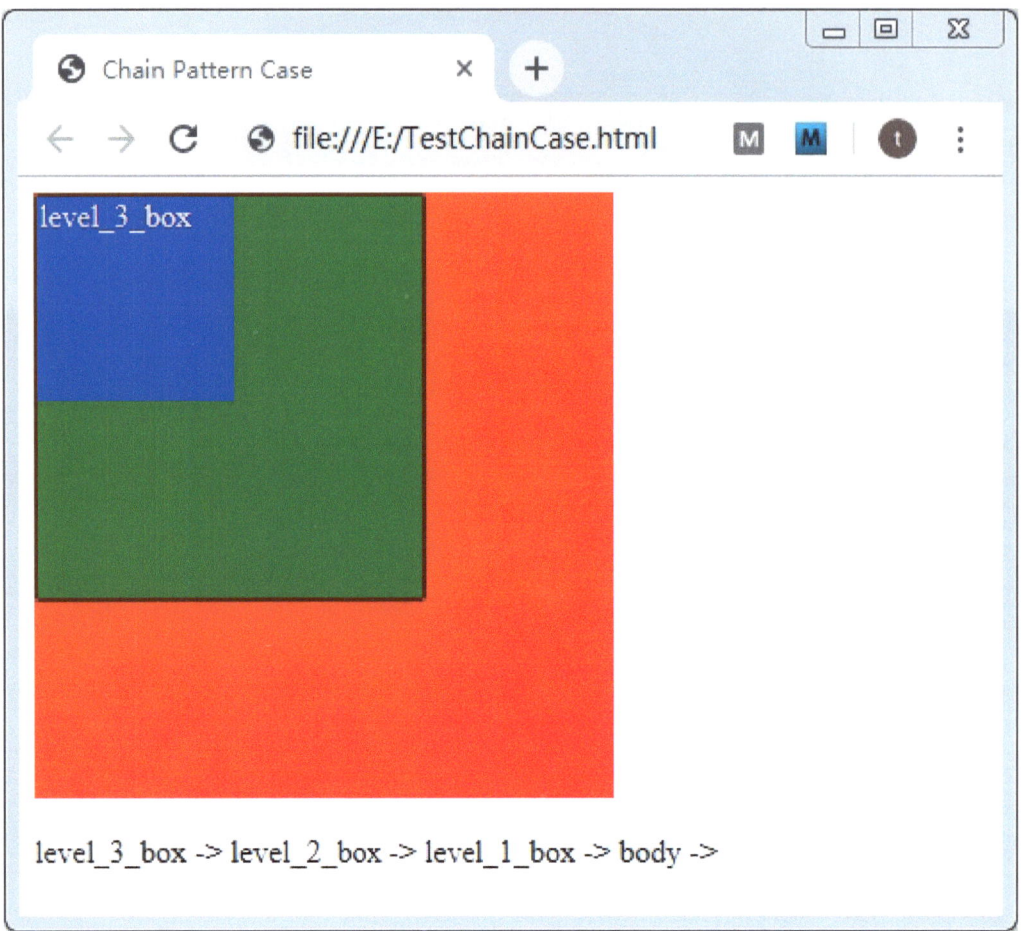

Command Pattern Principle

Command Pattern : Encapsulate a command request as an object. Encapsulate a request as an object, thereby letting you parameterize clients with different requests, queue or log requests, and support undoable operations.

1. Button event, mouse click Ok or Cancel Button.
UML Diagram

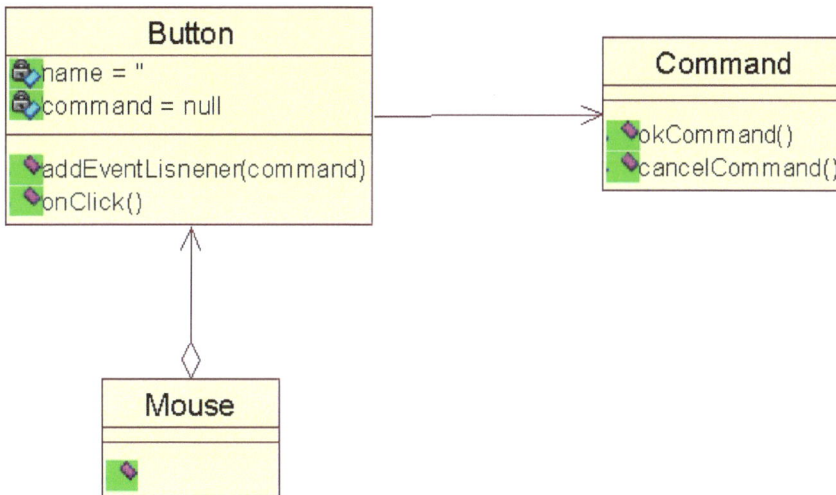

1. Create a TestCommand.html with Notepad and open it in your browser

```
<script type="text/javascript">
  function Mouse(){
    this.click = function(button){
      button.onClick();
    }
  }

  function Button(name){
    this.name = name;
    this.command = null;

    this.addEventLisnener = function(command){
      this.command = command;
    }

    this.onClick = function(){
      this.command();
    }
  }
```

```
    var okCommand = function(){
        document.write("OK button is clicked <br>");
    }

    var cancelCommand = function(){
        document.write("Cancel button is clicked <br>");
    }
//////////////////////////// test ////////////////////////////
    var okButton = new Button("Ok")
    okButton.addEventLisnener(okCommand);
    var cancelButton = new Button("Cancel")
    cancelButton.addEventLisnener(cancelCommand);

    var mouse = new Mouse()
    mouse.click(okButton) // Mouse click OK button
    mouse.click(cancelButton) // Mouse click Cancel button
</script>
```

Result:

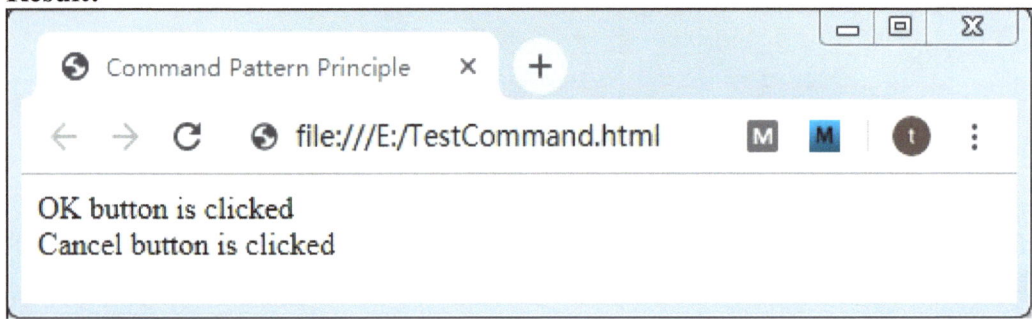

Command Pattern Case

Mouse click Close Button close div menu.

1. Create a TestCommandCase.html with Notepad and open it in your browser

```html
<style>
  #menu{
    border:1px solid #dddddd;
    background-color:#eeeeee;
    width:400px;
    font-size:16px;
  }
</style>

  <div id="menu">
    <ul>
      <li>Easy Learning Java</li>
      <li>Easy Learning Javascript</li>
      <li>Easy Learning HTML CSS</li>
      <li>Easy Learning Python 3</li>
      <li>Easy Learning Design Patterns</li>
    </ul>
    <center>
      <input type="button" id="closeButton" value="Close" />
    </center>
  </div>
```

```
<script type="text/javascript">
   document.getElementById("closeButton").addEventListener("click",closeCommand);

   function closeCommand(event){
      document.getElementById("menu").style.display = "none";
   }

</script>
```

Result:

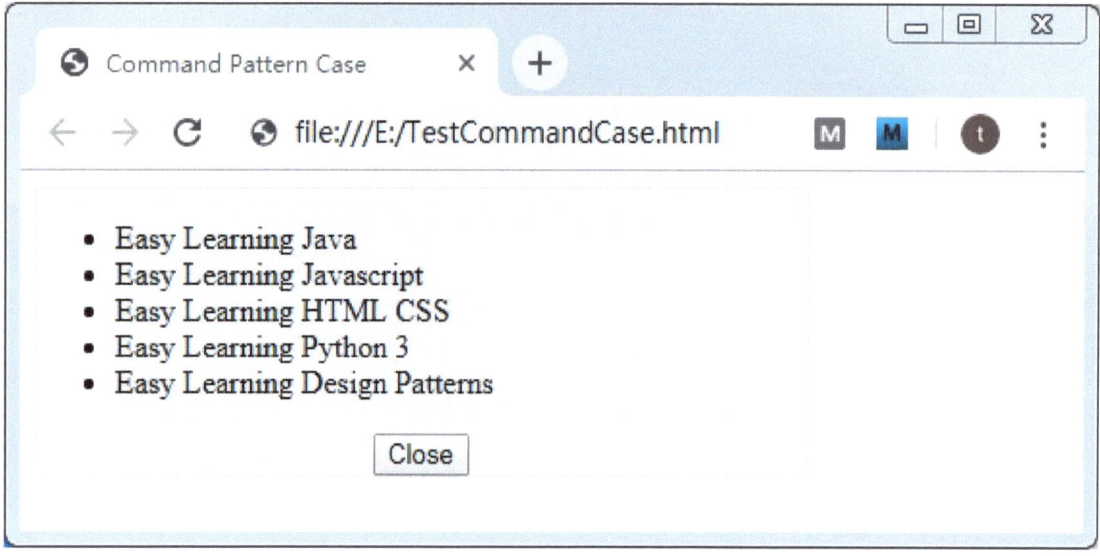

Iterator Pattern Principle

Iterator Pattern : Sequentially access the elements of a collection. Provide a way to access the elements of an aggregate object sequentially without exposing its underlying representation.

1. **Implement the iterator in Javascript**

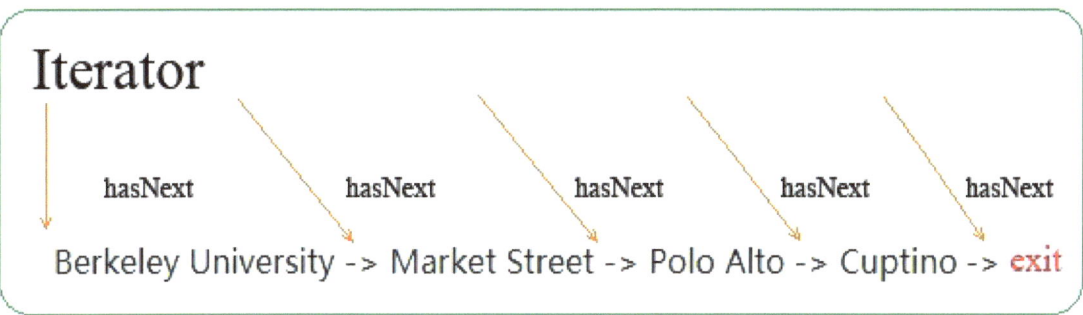

2. **UML Diagram**

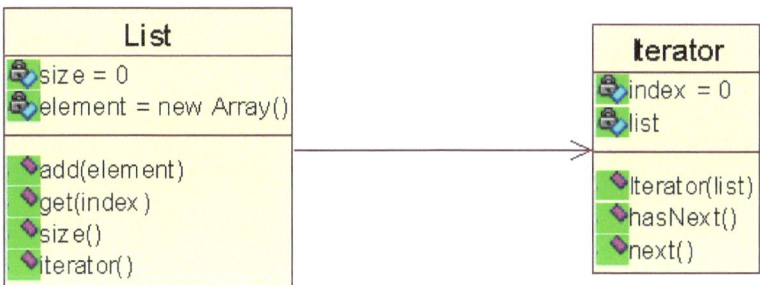

1. Create a TestIterator.html with Notepad and open it in your browser

```html
<script type="text/javascript">
   function Iterator(list){
      this.index = 0;
      this.list = list;

      this.hasNext = function(){
         return this.index < this.list.length;
      }

      this.next = function(){
         var element = null;
         if(this.index < this.list.length){
            element = this.list[this.index];
            this.index = this.index + 1;
         }
         return element;
      }
   }

   function List(){
      this.size = 0;
      this.element = new Array();

      this.add = function(element){
         this.element.push(element);
         this.size = this.size + 1;
      }

      this.get = function(index){
         return this.element[index];
      }

      this.size = function(){
         return this.size;
      }

      this.iterator = function(){
         return new Iterator(this.element);
      }
   }
```

```
//////////////////////////// test ////////////////////////////////
    var list = new List();
    list.add("Berkeley University");
    list.add("Market Street");
    list.add("Polo Alto");
    list.add("Cuptino");

    var iterator = list.iterator();
    while(iterator.hasNext()){
       obj = iterator.next();
       document.write(obj + " -> ");
    }
</script>
```

Result:

Iterator Pattern Case

Javascript foreach output news list.

title	Date
Easy Learning Javascript	09/09/2019
Easy Learning Python 3	07/07/2019
Easy Learning Java	06/06/2019

1. Create a TestIteratorCase.html with Notepad and open it in your browser

```html
<style>
   #book_table{
      border:1px solid #dddddd;
      background-color:f7fefe;
      width:550px;
      font-size:16px;
   }
</style>

   <table id="book_table">
      <tr>
         <td>title</td>
         <td>Date</td>
      </tr>
   </table>
```

```html
<script type="text/javascript">
  //for example this data from server
  var bookArray = new Array(
      {"title":"Easy Learning Javascript", "date":"09/09/2019"},
      {"title":"Easy Learning Python 3", "date":"07/07/2019"},
      {"title":"Easy Learning Java", "date":"06/06/2019"}
    )

  var book_table = document.getElementById("book_table");
  bookArray.forEach(function(item) {
    var book_tr = book_table.insertRow();
    var title = book_tr.insertCell();
    var date = book_tr.insertCell();

    title.innerHTML = item.title;
    date.innerHTML = item.date;
  });
</script>
```

Result:

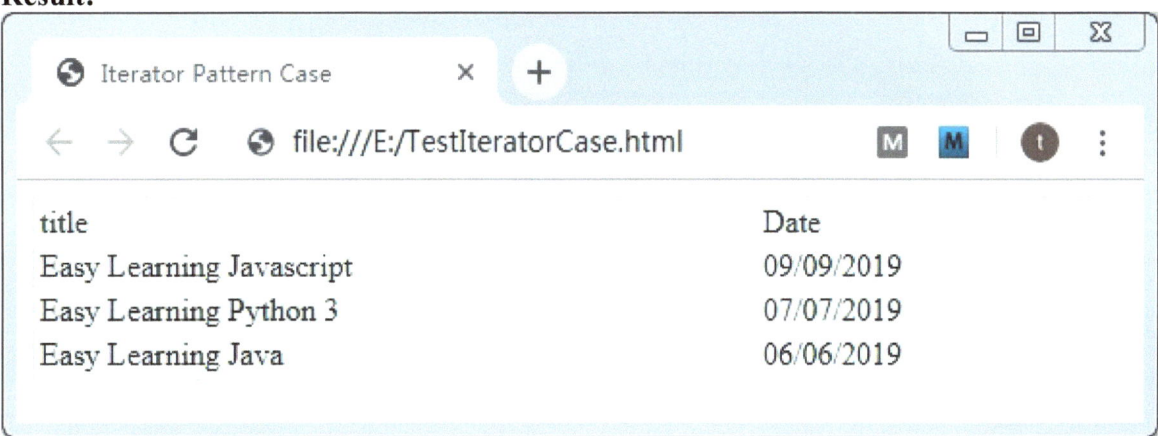

Mediator Pattern Principle

Mediator Pattern : Defines simplified communication between classes. Define an object that encapsulates how a set of objects interact. Mediator promotes loose coupling by keeping objects from referring to each other explicitly, and it lets you vary their interaction independently.

1. **Client wants to rent a house through an intermediary contact the HouseOwner**

2. **UML Diagram**

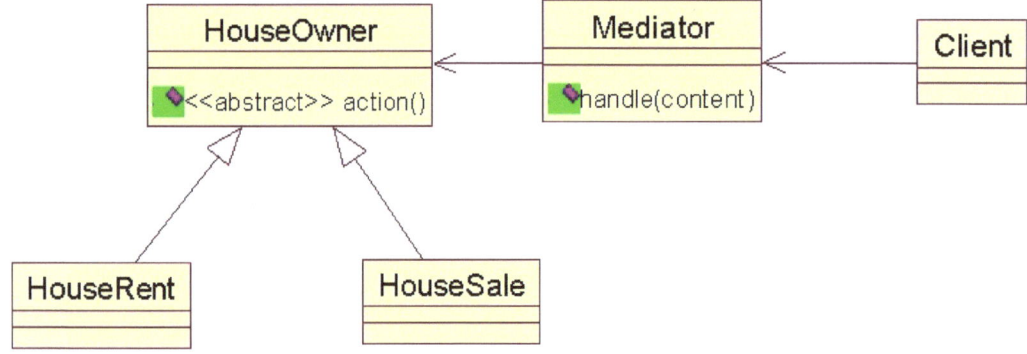

1. Create a TestMediator.html with Notepad and open it in your browser

```javascript
<script type="text/javascript">
   function HouseOwner(){
      this.action = function(){

      }
   }

   function HouseRent(){
      HouseOwner.call(this);

      this.action = function(){
         document.write("Client come to rent a house <br>")
      }
   }

   function HouseSale(){
      HouseOwner.call(this);

      this.action = function(){
         document.write("Client come to need to sell <br>")
      }
   }

   function Mediator(){
      this.owner1 = new HouseRent();
      this.owner2 = new HouseSale();

      this.handle = function(content){
         if(content == "rent"){
            this.owner1.action();
         }
         if(content == "sale"){
            this.owner2.action();
         }
      }
   }
//////////////////////////// test ////////////////////////////
   var mediator = new Mediator();
   // mediator help adjust the renting and selling between the client and the houseowner
   mediator.handle("rent")
   mediator.handle("sale")
</script>
```

Result:

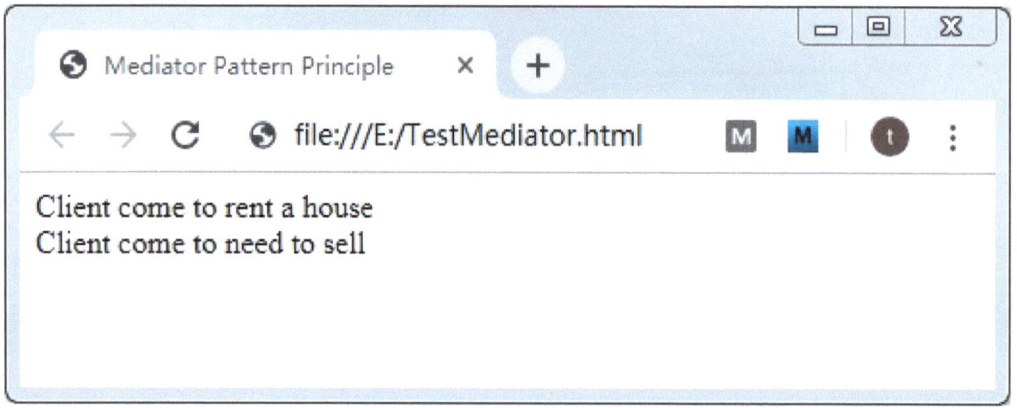

Mediator Pattern Case

We have 3 users that are joining in a chat by registering with a Chatroom (the Mediator). Each user is represented by a User object. users send messages to each other and the Chatroom handles the routing.

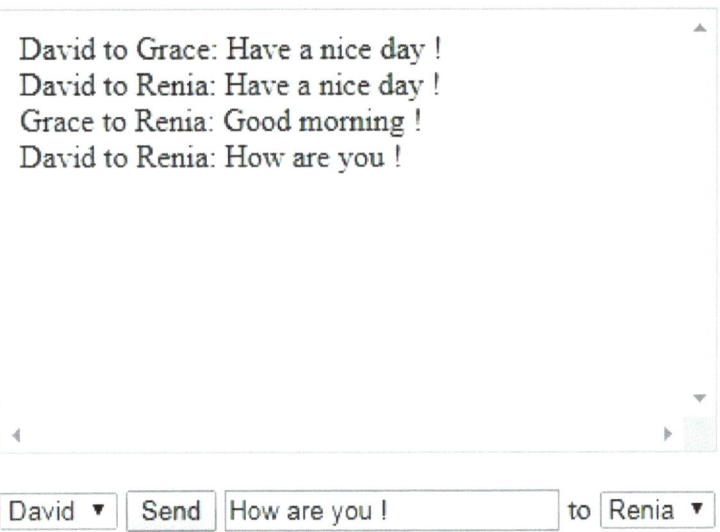

2. UML Diagram

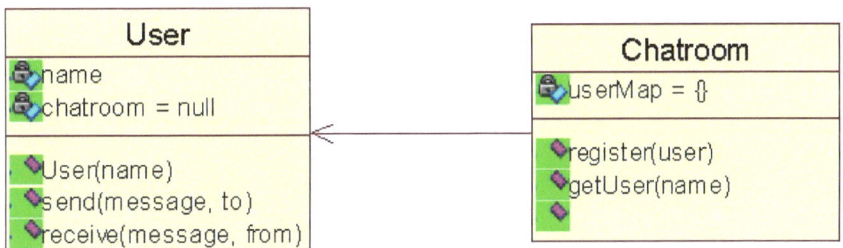

1. Create a TestMediatorCase.html with Notepad and open it in your browser

```html
<style>
  #chatroom{
    width:350px; height: 200px;
    border:1px solid #cccccc;
    text-align:left;padding: 10px;
    overflow:scroll;
  }
</style>

  <div id="chatroom">

  </div>
  <br>
  <select id="fromUser">
    <option value="David">David</option>
    <option value="Grace">Grace</option>
    <option value="Renia">Renia</option>
  </select>
  <input type="button" id="send" value="Send" />
  <input type="text" id="message" value="" />
  to
  <select id="toUser">
    <option value=""></option>
    <option value="David">David</option>
    <option value="Grace">Grace</option>
    <option value="Renia">Renia</option>
  </select>
```

```html
<script type="text/javascript">
```
```javascript
  function User(name) {
    this.name = name;
    this.chatroom = null;

    this.getName = function(){
      return this.name;
    }
    this.setName = function(name){
      this.name = name;
    }

    this.getChatroom = function(){
      return this.chatroom;
    }
    this.setChatroom = function(chatroom){
      this.chatroom = chatroom;
    }

    this.send = function(message, to) {
      this.chatroom.send(message, this, to);
    }

    this.receive = function(message, from) {
      var element = document.createElement("div");
      element.innerHTML = from.getName() + " to " + this.getName() + ": " + message;
      document.getElementById("chatroom").appendChild(element);
    }
  }

  function Chatroom() {
    var userMap = {};

    this.register = function(user) {
      userMap[user.getName()] = user;
      user.setChatroom(this);
    }

    this.getUser = function(name) {
      return userMap[name];
    }
```

```javascript
    this.send = function(message, from, to) {
        if (to) {                    // single message
           to.receive(message, from);
        } else {                     // broadcast message
           for (key in userMap) {
              if (userMap[key] !== from) {
                 userMap[key].receive(message, from);
              }
           }
        }
     }
  }
///////////////////////////// test /////////////////////////////////
  var david = new User("David");
  var grace = new User("Grace");
  var renia = new User("Renia");

  var chatroom = new Chatroom();
  chatroom.register(david);
  chatroom.register(grace);
  chatroom.register(renia);

  david.send("Have a nice day !");
  grace.send("Good morning !", renia);

  document.getElementById("send").addEventListener("click",sendCommand);
  function sendCommand(event){
      var fromName =
document.getElementById("fromUser").options[document.getElementById("fromUser").selectedIndex].value;
      var fromUser = chatroom.getUser(fromName);
      var toName =
document.getElementById("toUser").options[document.getElementById("toUser").selectedIndex].value;
      var toUser = chatroom.getUser(toName);

      if(toName == ""){
         fromUser.send(document.getElementById("message").value);
      }else{
         fromUser.send(document.getElementById("message").value, toUser);
      }
   }
  </script>
```

Result:

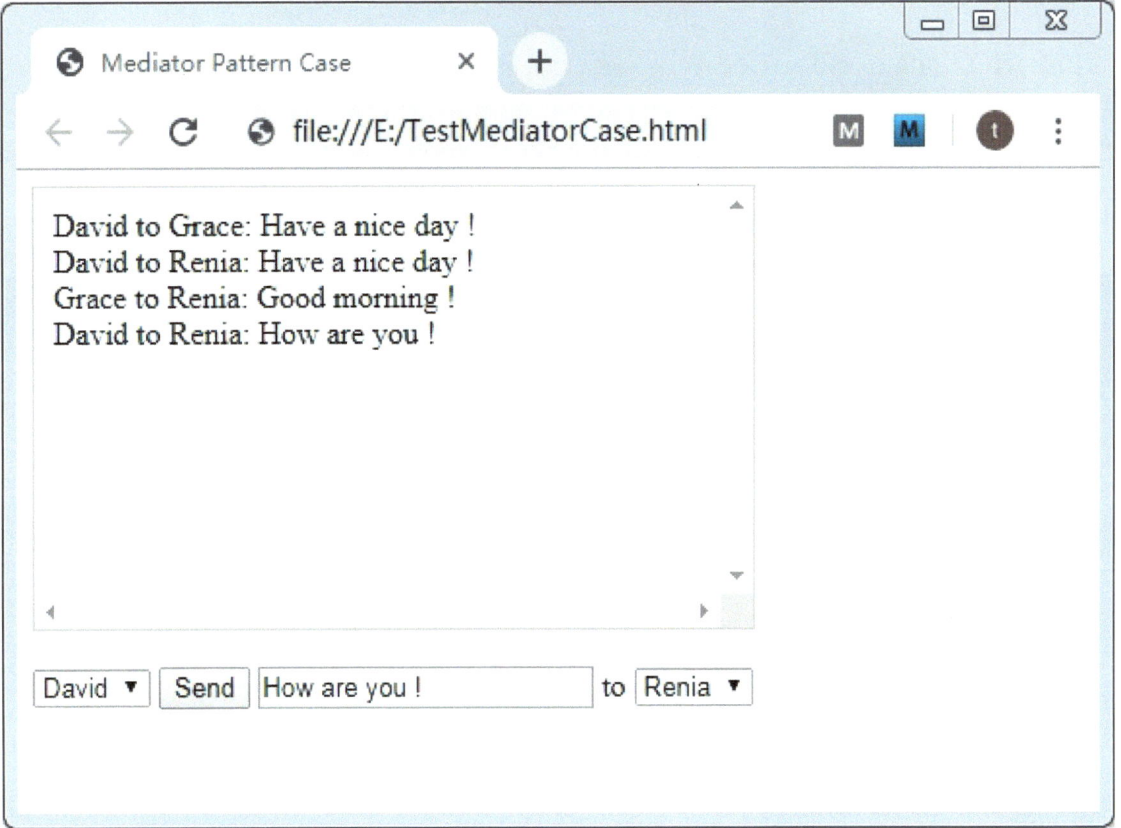

Memento Pattern Principle

Memento Pattern : Capture and restore an object's internal state. Without violating encapsulation, capture and externalize an object's internal state so that the object can be restored to this state later.

TextEdit Undo, redo, history recovery, etc.

UML Diagram

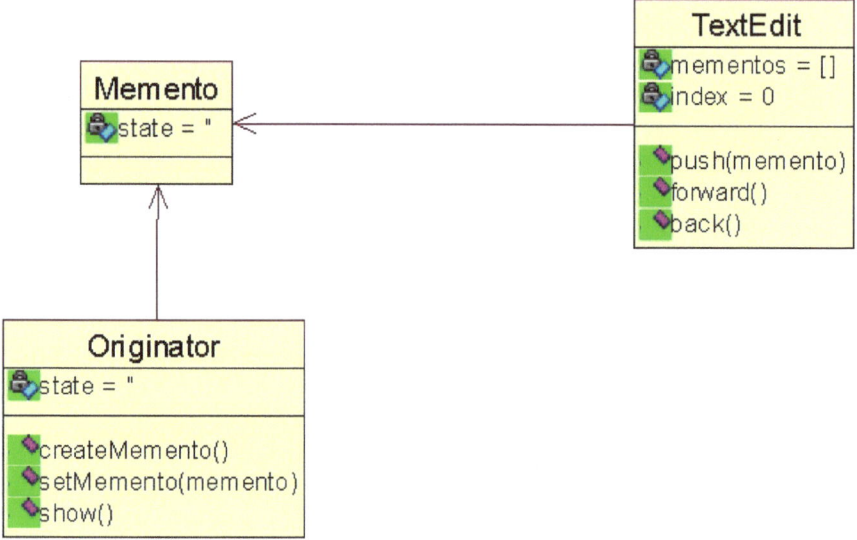

1. Create a TestMemento.html with Notepad and open it in your browser

```html
<script type="text/javascript">
  function Memento(state){
    this.state = state;

    this.getState = function(){
      return this.state;
    }
    this.setState = function(state){
      this.state = state;
    }
  }

  function TextEdit(){
    this.mementos = [];
    this.index = 0;

    this.push = function(memento){
      this.mementos.push(memento);
      this.index += 1;
    }

    this.forward = function(){
      memento = this.mementos[this.index];
      this.index += 1;
      return memento;
    }

    this.back = function(){
      this.index -= 1;
      memento = this.mementos[this.index];
      return memento;
    }
  }
```

```javascript
function Originator(){
    this.state = ''

    this.getState = function(){
        return this.state;
    }
    this.setState = function(state){
        this.state = state;
    }

    this.createMemento = function(){
        return new Memento(this.state);
    }

    this.setMemento = function(memento){
        this.state = memento.getState();
    }

    this.show = function(){
        document.write(this.state);
    }
}

///////////////////////////// test /////////////////////////////
    var textEdit = new TextEdit();
    // Enter text in textEdit, save while saving
    var originator = new Originator();
    originator.setState("Move you in the direction of your dream. <br>");
    textEdit.push(originator.createMemento());

    originator.setState("Ways to start your day positively. <br>");
    textEdit.push(originator.createMemento());

    originator.setState("Love can change the world. <br>");

    originator.show();

    // Undo  redo   Recovery history
    originator.setMemento(textEdit.back());
    originator.show();

    originator.setMemento(textEdit.back());
    originator.show();
```

```
document.write("<br>------------------------------ <br>")

originator.setMemento(textEdit.forward());
originator.show();

originator.setMemento(textEdit.forward());
originator.show();

</script>
```

Result:

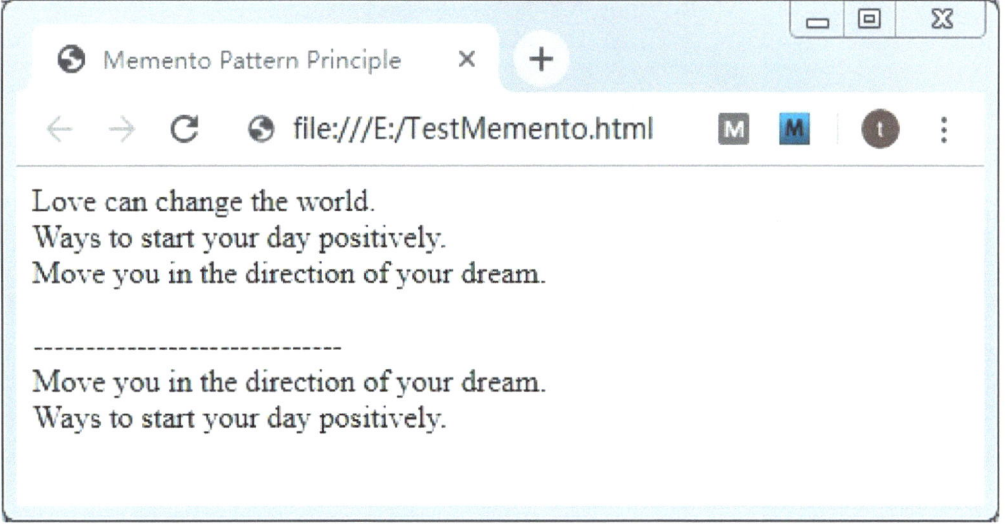

Memento Pattern Case

HtmlEdit Undo, redo, history recovery.

Undo	Redo

123456789

UML Diagram

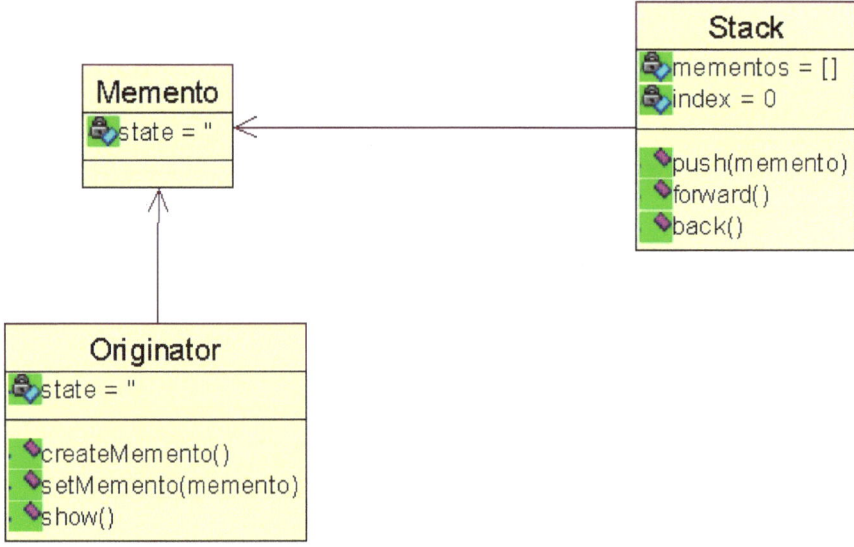

1. Create a TestMementoCase.html with Notepad and open it in your browser

```html
<style>
  #editor{
    width:500px; height: 200px;
    border:1px inset #cccccc;
    text-align:left;padding: 10px;
  }
  .button{
    border:1px solid #cccccc;
  }
</style>

  <div id="tool">
    <input id="undo" class="button" type="button" value="Undo">
    <input id="redo" class="button" type="button" value="Redo">
  </div>
  <div id="editor"  contentEditable="true">
  </div>

<script type="text/javascript">
  function Memento(state){
    this.state = state;

    this.getState = function(){
       return this.state;
    }
    this.setState = function(state){
       this.state = state;
    }
  }
```

```javascript
function Stack(){
    this.mementos = [];
    this.index = 0;

    this.push = function(memento){
        this.mementos.push(memento);
        this.index += 1;
    }

    this.forward = function(){
        memento = this.mementos[this.index];
        if(this.index < this.mementos.length){
            this.index += 1;
        }
        return memento;
    }

    this.back = function(){
        if(this.index > 0 ){
            this.index -= 1;
        }
        memento = this.mementos[this.index];
        return memento;
    }
}

function Originator(){
    this.state = ''

    this.getState = function(){
        return this.state;
    }
    this.setState = function(state){
        this.state = state;
    }

    this.createMemento = function(){
        return new Memento(this.state);
    }

    this.setMemento = function(memento){
        this.state = memento.getState();
    }
```

```javascript
        this.show = function(){
            document.write(this.state);
        }
    }

    //////////////////////////// test ////////////////////////////
    document.getElementById("undo").addEventListener("click",undoCommand);
    document.getElementById("redo").addEventListener("click",redoCommand);
    var stack = new Stack();
    var originator = new Originator();

    function undoCommand(event){
        if(stack.back()!=null){
            document.getElementById("editor").innerHTML = stack.back().getState();
        }
    }

    function redoCommand(event){
        if(stack.forward()!=null){
            document.getElementById("editor").innerHTML = stack.forward().getState();
        }
    }

    document.getElementById("editor").onkeyup = function(){
        originator.setState(document.getElementById("editor").innerHTML);
        stack.push(originator.createMemento());
    }
</script>
```

Result:

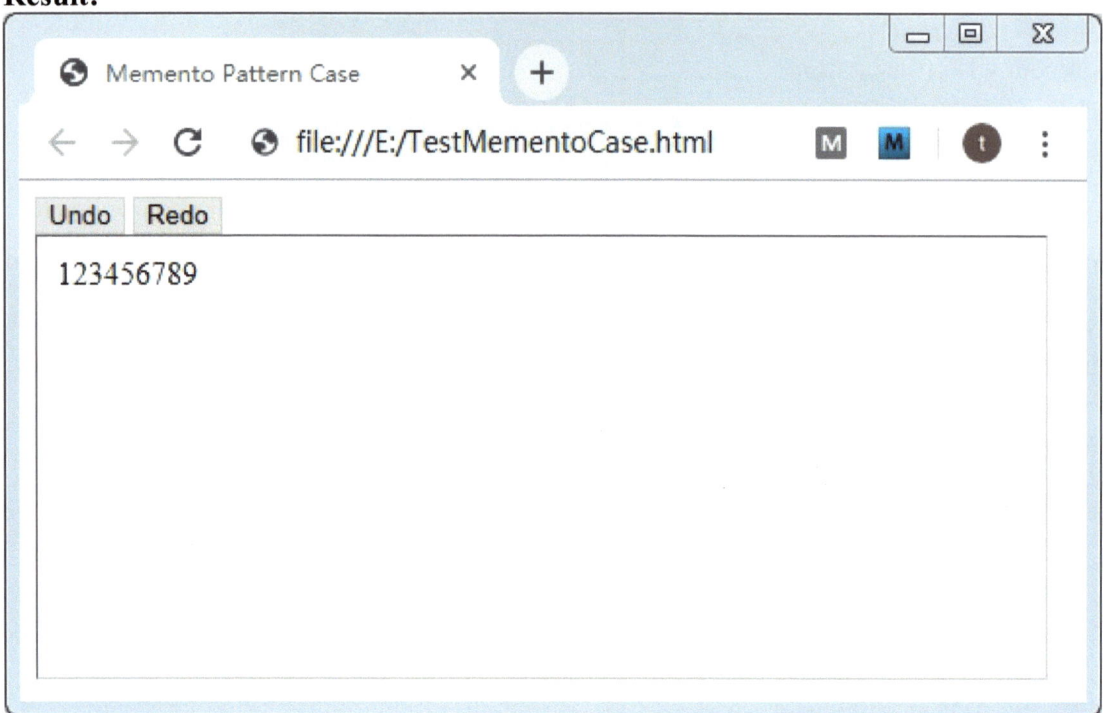

Click Undo Button

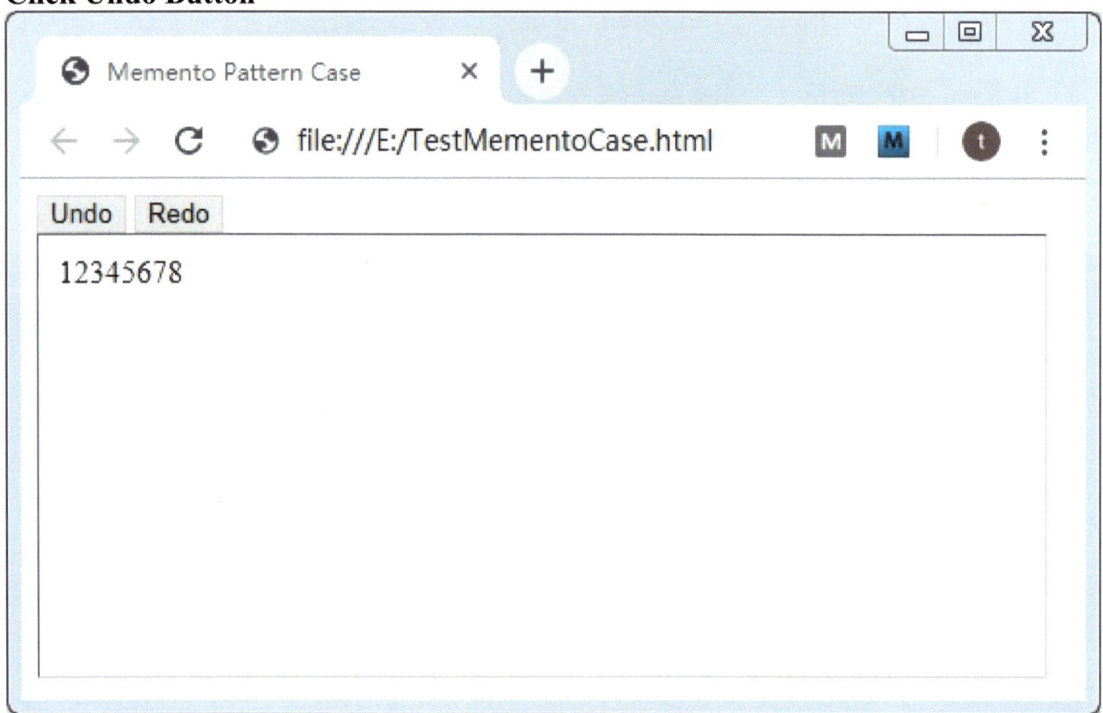

Observer Pattern Principle

Observer Pattern : A way of notifying change to a number of classes. Define a one-to-many dependency between objects so that when one object changes state, all its dependents are notified and updated automatically.

1. In the stock market, stock data changes at any time. Sellers and buyers can see changes at any time.

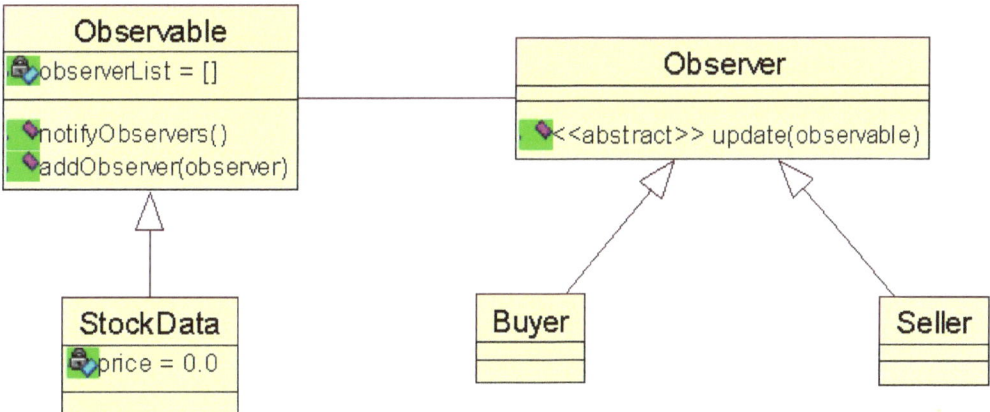

1. Create a TestObserver.html with Notepad and open it in your browser

```javascript
<script type="text/javascript">
  function Observable(){
    this.observerList = []

    this.notifyObservers = function(){
      this.observerList.forEach(function(observer){
        observer.update();
      });
    }

    this.addObserver = function(observer){
      this.observerList.push(observer);
    }
  }
```

```javascript
function StockData(price){
    Observable.call(this);

    this.price = price;

    this.getPrice = function(){
        return this.price;
    }

    this.setPrice = function(price){
        this.price = price;
        this.notifyObservers();
    }
}

function Observer(observable){
    this.observable = observable;
    this.observable.addObserver(this);

    this.update = function(observable){}
}

function Buyer(observable){
    Observer.call(this, observable);

    this.update = function(observable){
        document.write("Buyer Price :" + this.observable.getPrice() + "<br>");
    }
}

function Seller(observable){
    Observer.call(this, observable);

    this.update = function(observable){
        document.write("Seller Price :" + this.observable.getPrice() + "<br>");
    }
}
```

```
/////////////////////////// test ///////////////////////////
    var data = new StockData(16.9);

    var buyer = new Buyer(data);
    var seller = new Seller(data);

    data.setPrice(18.9);

    document.write("<br>-------------------------<br>")

    data.setPrice(12.9);
</script>
```

Result:

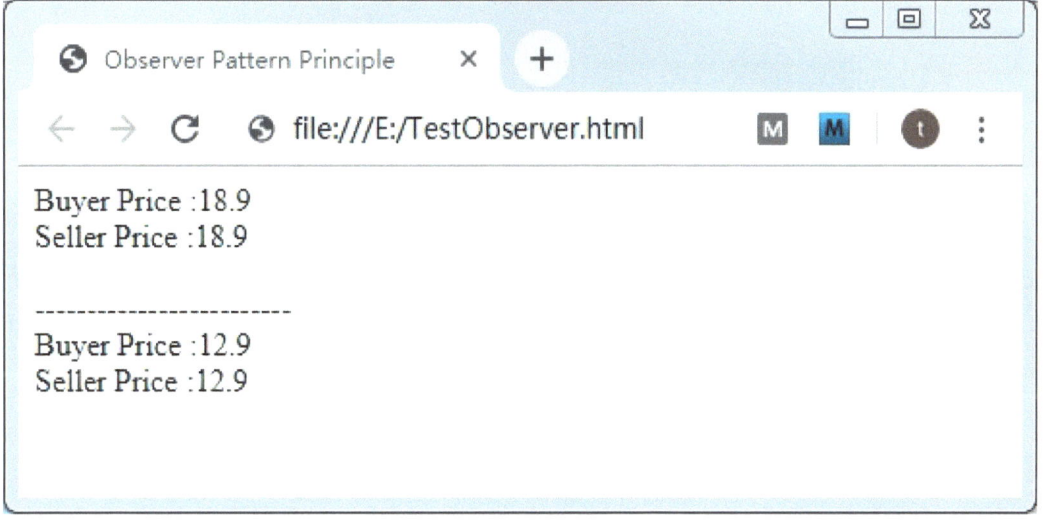

Observer Pattern Case

The canvas draws various shapes, a histogram, and a pie, selects the color to automatically change the fill color.

1. UML Diagram

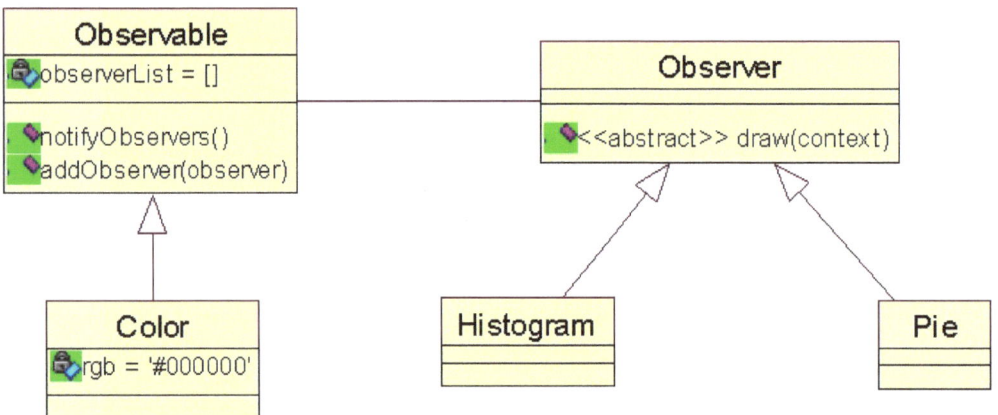

1. Create a TestObserverCase.html with Notepad and open it in your browser

```html
<style>
  #myCanvas{
    border:1px solid #c3c3c3;
  }
  #colorButton{
    width: 50px;
    height:30px;
    border:0px;
  }
</style>

  <canvas id="myCanvas" width="500" height="200"></canvas>
  <br><br>
  <input type="button" id="colorButton" style="background-color:#00ff00" onclick="doChangeColor('#00ff00')" />
  <input type="button" id="colorButton" style="background-color:#ff0000" onclick="doChangeColor('#ff0000')" />
  <input type="button" id="colorButton" style="background-color:#0000ff" onclick="doChangeColor('#0000ff')" />
  <input type="button" id="colorButton" style="background-color:#000000" onclick="doChangeColor('#000000')" />
  <input type="button" id="colorButton" style="background-color:#cccccc" onclick="doChangeColor('#cccccc')" />

<script type="text/javascript">
  function Observable(){
    this.observerList = []

    this.notifyObservers = function(){
      this.observerList.forEach(function(observer){
        observer.draw(context);
      });
    }

    this.addObserver = function(observer){
      this.observerList.push(observer);
    }
  }
```

```javascript
function Color(rgb){
   Observable.call(this);

   this.rgb = rgb;

   this.getRGB = function(){
      return this.rgb;
   }

   this.setRGB = function(rgb){
      this.rgb = rgb;
      this.notifyObservers();
   }
}

function Observer(observable){
   this.observable = observable;
   this.observable.addObserver(this);

   this.draw = function(context){}
}

function Histogram(x, y, width, height, observable){
   Observer.call(this, observable);
   this.x = x;
   this.y = y;
   this.width = width;
   this.height = height;

   this.draw = function(context){
      context.fillStyle = this.observable.getRGB();
      context.fillRect(this.x, this.y, this.width, this.height);
   }
}
```

```javascript
function Pie(x, y, r, observable){
    Observer.call(this, observable);
    this.x = x;
    this.y = y;
    this.r = r;

    this.draw = function(context){
        context.fillStyle = this.observable.getRGB();
        context.beginPath();
        context.arc(this.x,this.y,this.r,0,2*Math.PI);
        context.fill();
    }
}

///////////////////////////// test /////////////////////////////
var myCanvas = document.getElementById("myCanvas");
var context = myCanvas.getContext("2d");

var color = new Color("#000000");

var histogram = new Histogram(100,50,50,100,color);
histogram.draw(context);
var pie = new Pie(300,100,50,color);
pie.draw(context);

function doChangeColor(rgb){
    color.setRGB(rgb);
}
</script>
```

Result:

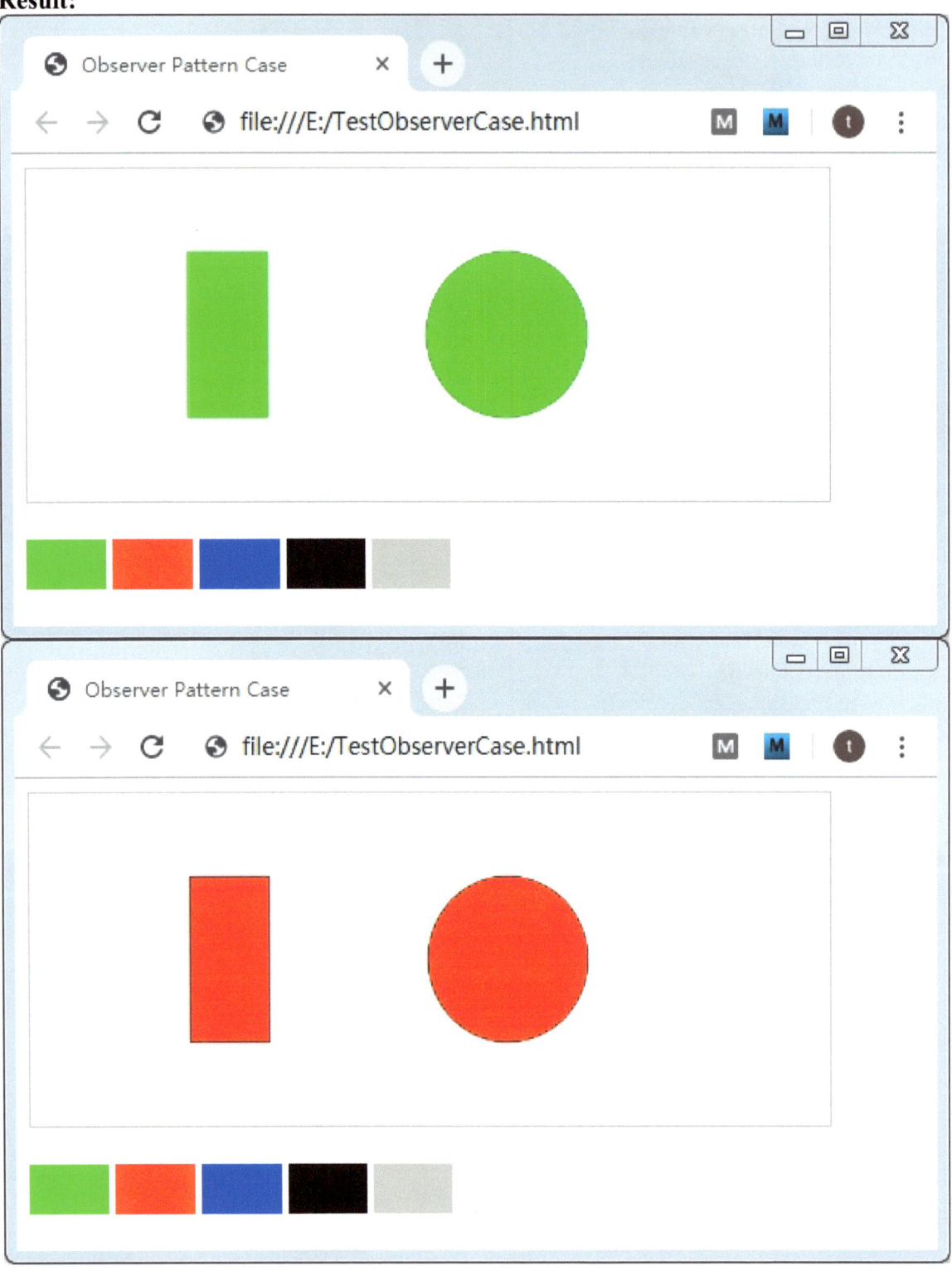

Visitor Pattern Principle

Visitor Pattern : Defines a new operation to a class without change. Represent an operation to be performed on the elements of an object structure. Visitor lets you define a new operation without changing the classes of the elements on which it operates.

1. A man can successfully
   A woman can successfully
   A man is in love
   A woman is in love

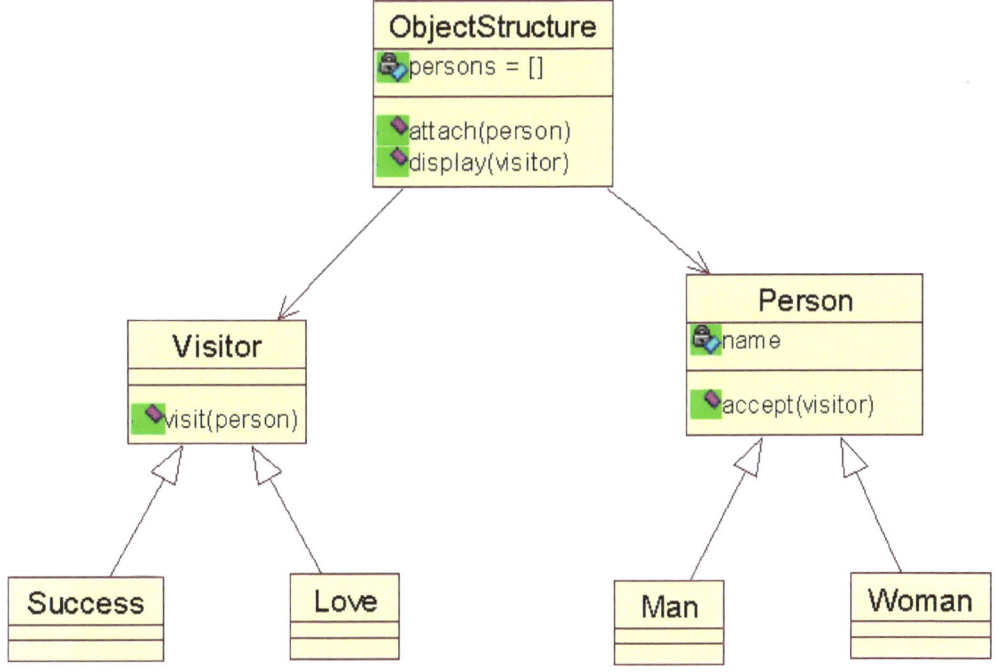

1. Create a TestVisitor.html with Notepad and open it in your browser

```javascript
<script type="text/javascript">
  function Person(name){
     this.name = name;

     this.getName = function(){
        return this.name;
     }
     this.setName = function(name){
        this.name = name;
     }

     this.accept = function(visitor){

     }
  }

  function Man(name){
     Person.call(this, name);

     this.accept = function(visitor){
        visitor.visit(this);
     }
  }

  function Woman(name){
     Person.call(this, name);

     this.accept = function(visitor){
        visitor.visit(this);
     }
  }

  function Visitor(){
     this.visit = function(person){

     }
  }
```

```javascript
function Success(){
    Visitor.call(this);

    this.visit = function(person){
        document.write(person.getName() + " successfully <br>");
    }
}

function Love(){
    Visitor.call(this);

    this.visit = function(person){
        document.write(person.getName() + " is in love <br>");
    }
}

function ObjectStructure(){
    this.persons = [];

    this.attach = function(person){
        this.persons.push(person);
    }

    // Traverse various concrete persons and execute their accept methods
    this.display = function(visitor){
        this.persons.forEach(function(person) {
            person.accept(visitor);
        });
    }
}


//////////////////////////// test ////////////////////////////
    var objectStructure = new ObjectStructure();

    objectStructure.attach(new Man("Man"));
    objectStructure.attach(new Woman("Woman"));

    objectStructure.display(new Success());
    objectStructure.display(new Love());
</script>
```

Result:

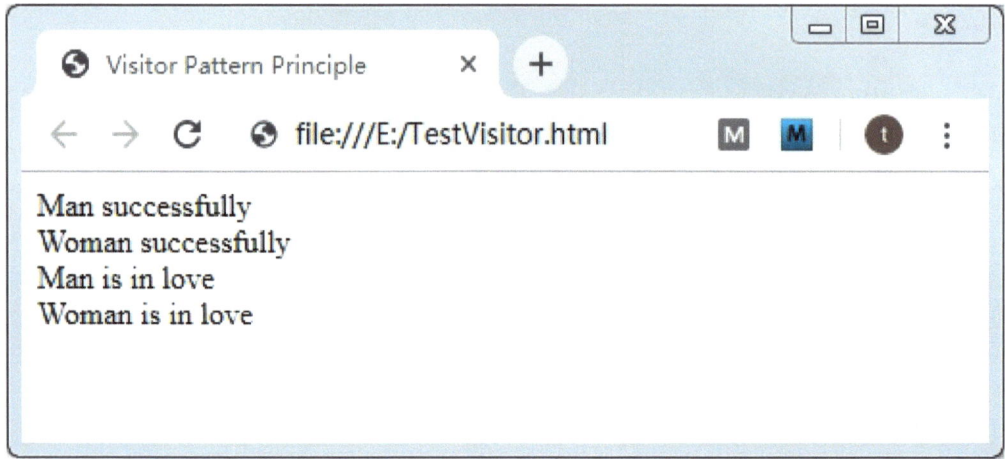

Visitor Pattern Case

Javascript drag and drop functionality is similar to visitor mode

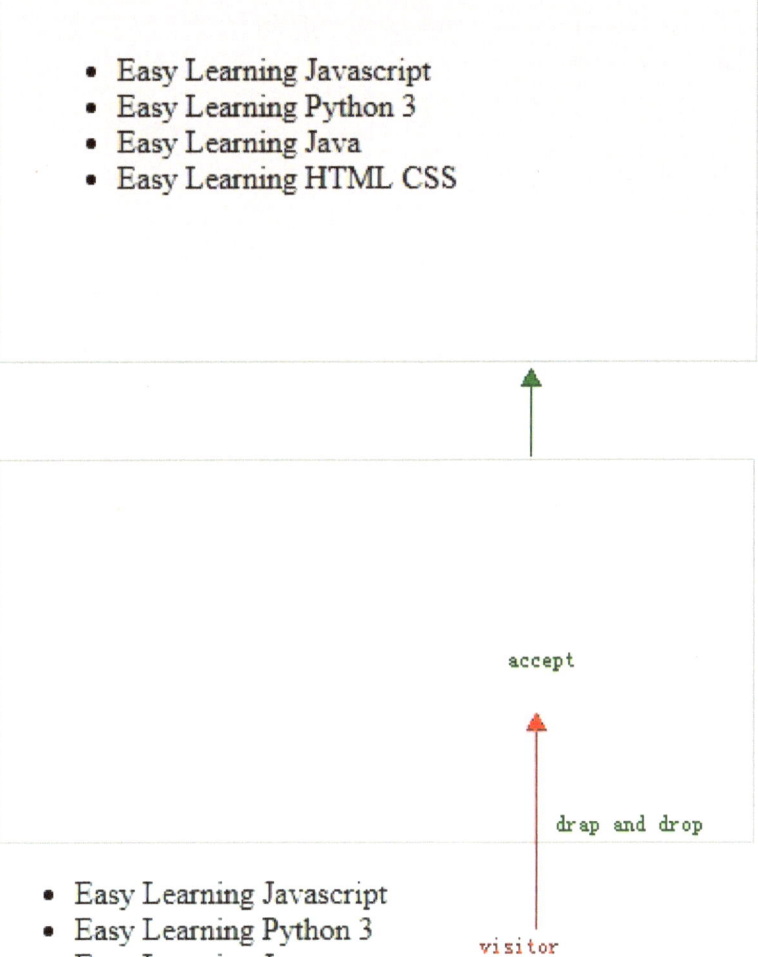

1. Create a TestVisitorCase.html with Notepad and open it in your browser

```html
<style>
   #accept{
      width:350px; height: 150px;
      border:1px solid #cccccc; background-color: #fff0f3;
      text-align:left;padding: 20px;
   }
   #drag1{
      width:300px; height: 100px;
      text-align:left;
   }
</style>

   <div id="accept" ondrop="drop(event)" ondragover="allowDrop(event)"></div>

   <div id="visitor"  draggable="true" ondragstart="drag(event)" >
     <ul>
        <li>Easy Learning Javascript</li>
        <li>Easy Learning Python 3</li>
        <li>Easy Learning Java</li>
        <li>Easy Learning HTML CSS</li>
     </ul>
   </div>

<script type="text/javascript">
   function allowDrop(event){
      event.preventDefault();
   }

   function drag(event){
      event.dataTransfer.setData("visitor_id",event.target.id);
   }

   function drop(event){
      event.preventDefault();
      var visitor_id=event.dataTransfer.getData("visitor_id");
      event.target.appendChild(document.getElementById(visitor_id));
   }
</script>
```

Result:

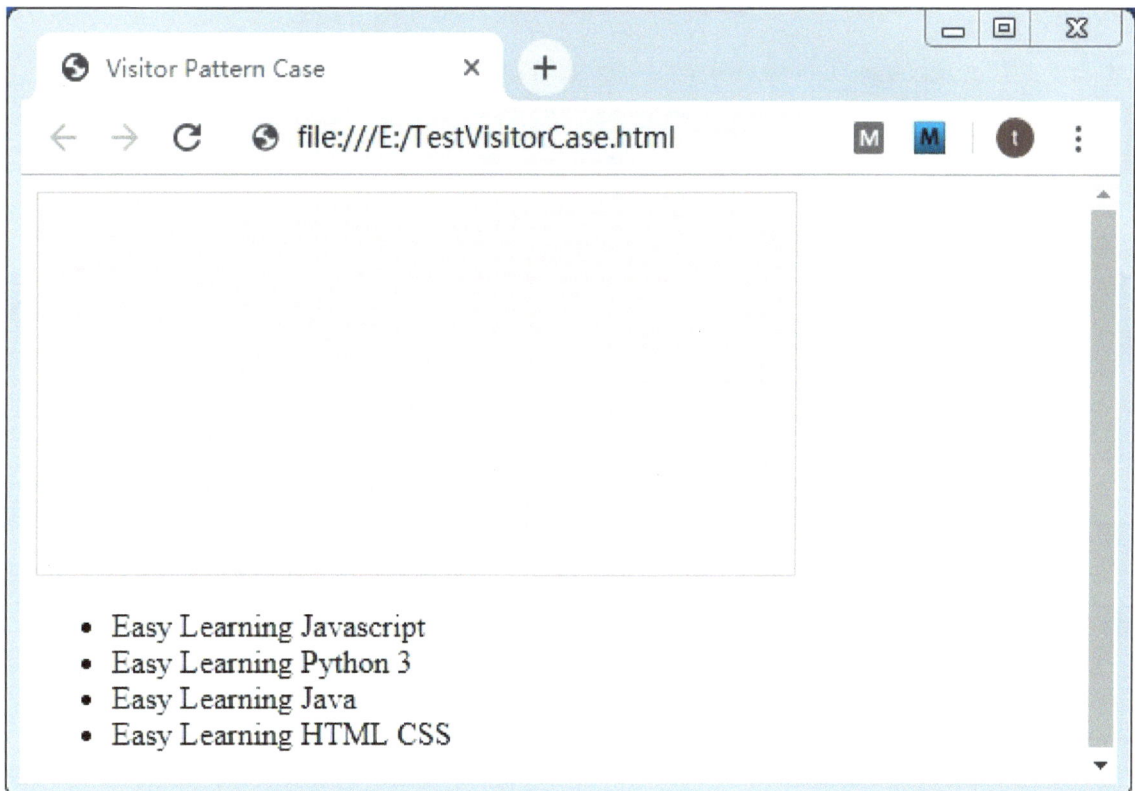

Drag ul list to div box

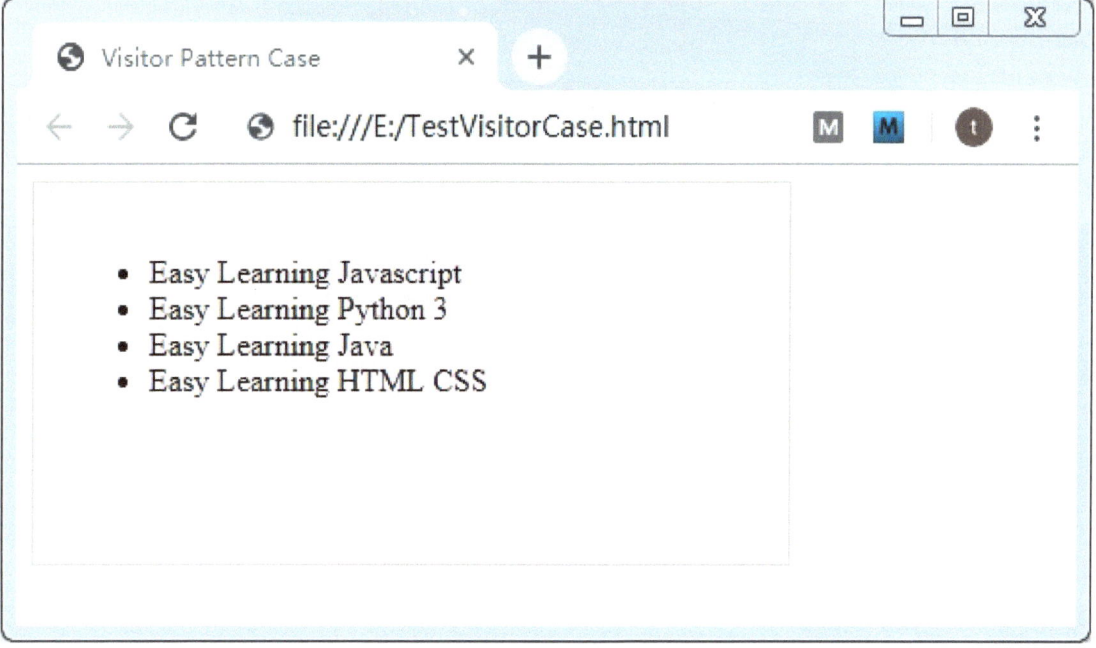

State Pattern Principle

State Pattern : Alter an object's behavior when its state changes. Allow an object to alter its behavior when its internal state changes. The object will appear to change its class.

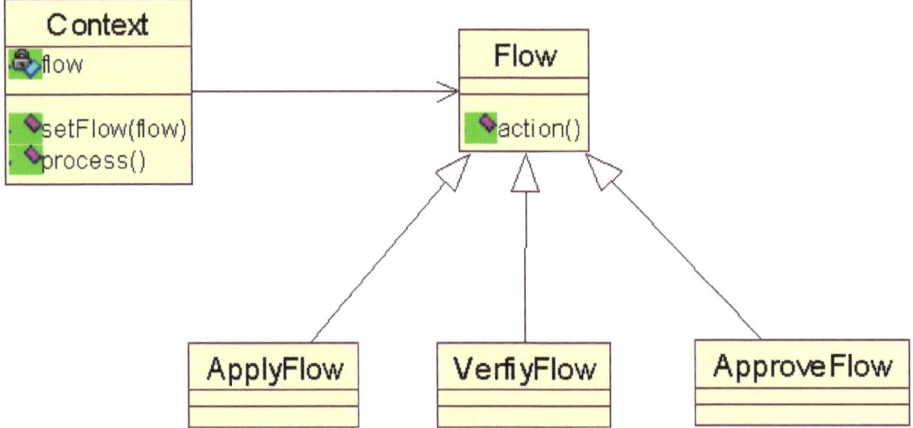

1. Create a TestState.html with Notepad and open it in your browser

```javascript
<script type="text/javascript">
  function Flow(){
     this.action = function(){}
  }

  function ApplyFlow(){
     Flow.call(this);

     this.action = function(){
        document.write("Apply -> ");
     }
  }

  function VerfiyFlow(){
     Flow.call(this);

     this.action = function(){
        document.write("Verfiy -> ");
     }
  }
```

```javascript
function ApproveFlow(){
    Flow.call(this);

    this.action = function(){
        document.write("Approve");
    }
}

function Context(){
    this.flow = null;

    this.setFlow = function(flow){
        this.flow = flow;
    }

    this.process = function(){
        this.flow.action();
    }
}
//////////////////////////// test ////////////////////////////
    var context = new Context();
    context.setFlow(new ApplyFlow());
    context.process();

    context.setFlow(new VerfiyFlow());
    context.process();

    context.setFlow(new ApproveFlow());
    context.process();
</script>
```

Result:

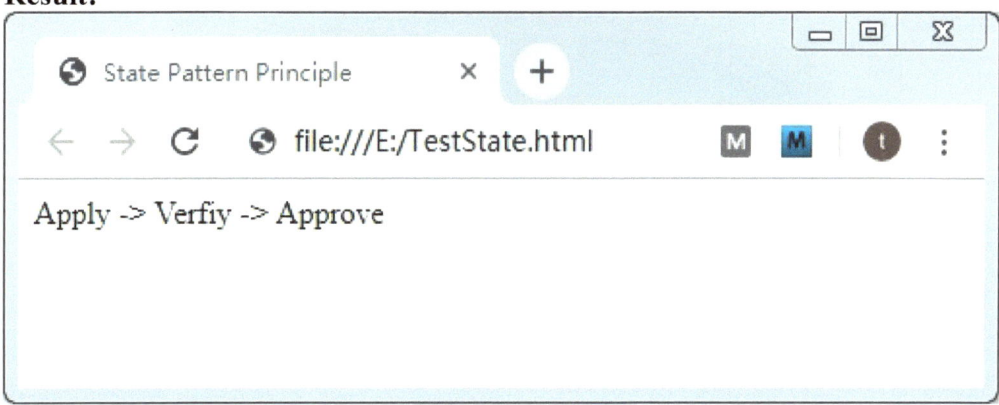

State Pattern Case

News release management 3 states View, Edit, Verify. Only the corresponding operation buttons can be made to show in each state.

title	Date	State	Action
Happy Labor Day	05/01/2019	view	
New book has been released	07/07/2019	edit	Update
Merry Christmas	12/25/2019	verify	Update Delete

UML Diagram

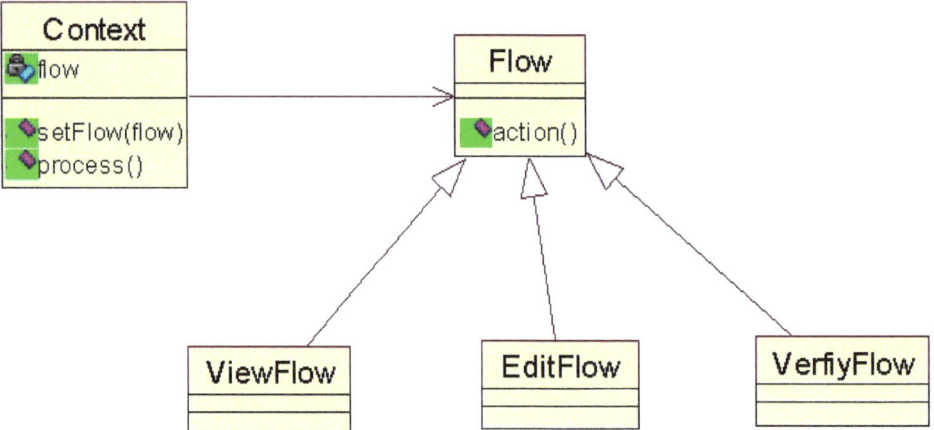

1. Create a TestState.html with Notepad and open it in your browser

```html
<style>
  #news_table{
    border:1px solid #dddddd;
    background-color:#eeeeee;
    width:550px;
    font-size:16px;
  }
  #title_tool{
    background-color:#dddddd;
  }
</style>

  <table id="news_table">
    <tr id="title_tool">
       <td>title</td>
       <td>Date</td>
       <td>State</td>
       <td>Action</td>
    </tr>
  </table>

<script type="text/javascript">
    function Flow(){
       this.action = function(){}
    }

    function ViewFlow(){
       Flow.call(this);

       this.action = function(){
         return "";
       }
    }

    function EditFlow(){
       Flow.call(this);

       this.action = function(){
          return "<input type='button' value='Update' />";
       }
    }
```

```javascript
    function VerifyFlow(){
        Flow.call(this);
        
        this.action = function(){
            return "<input type='button' value='Update' /> <input type='button' value='Delete' />";
        }
    }
    
    function Context(){
        this.flow = null;
        
        this.setFlow = function(flow){
            this.flow = flow;
        }
        
        this.process = function(){
            return this.flow.action();
        }
    }
```

```javascript
///////////////////////////// test /////////////////////////////////
var newsArray = new Array(
   {"title":"Happy Labor Day", "date":"05/01/2019", "state":"view"},
   {"title":"New book has been released", "date":"07/07/2019", "state":"edit"},
   {"title":"Merry Christmas", "date":"12/25/2019", "state":"verify"}
)

newsArray.forEach(function(item) {
   var news_tr = news_table.insertRow();
   var title = news_tr.insertCell();
   var date = news_tr.insertCell();
   var state = news_tr.insertCell();
   var action = news_tr.insertCell();

   title.innerHTML = item.title;
   date.innerHTML = item.date;
   state.innerHTML = item.state;

   var context = new Context();
   if(item.state == "view"){
      context.setFlow(new ViewFlow());
   }else if(item.state == "edit"){
      context.setFlow(new EditFlow());
   }else if(item.state == "verify"){
      context.setFlow(new VerifyFlow());
   }
   action.innerHTML = context.process();
});
</script>
```

Result:

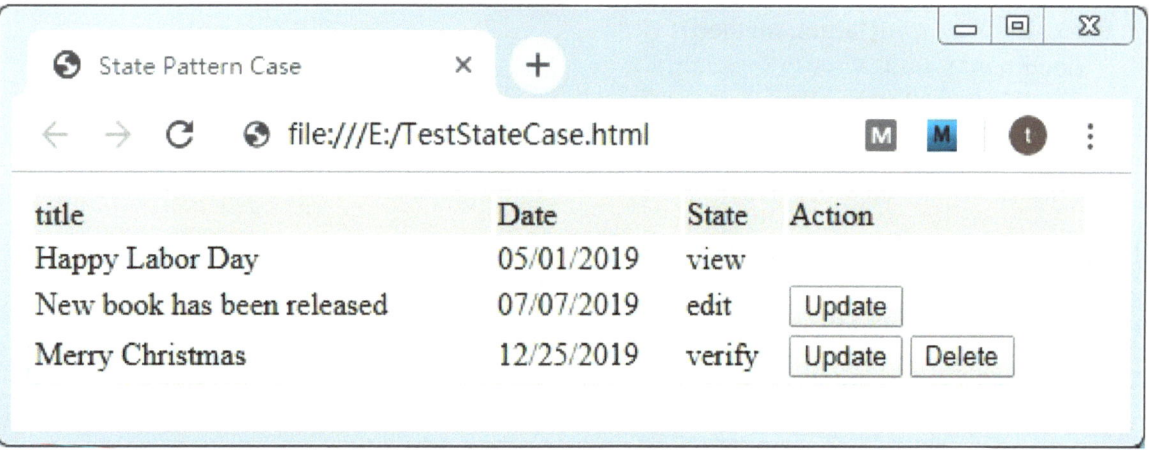

Proxy Pattern Principle

Proxy Pattern : An object representing another object. Provide a surrogate or placeholder for another object to control access to it.

1. Agency registration

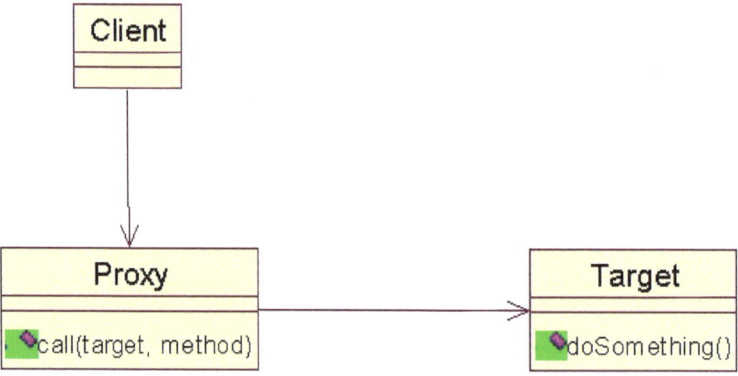

1. Create a TestProxy.html with Notepad and open it in your browser

```html
<script type="text/javascript">

   var Target = {
      doSomething: function () {
         document.write("Agency registration company");
      }
   }

   function Proxy(){
      this.call = function(target, method){
         document.write("<br> before <br>");
         result = target[method]();
         document.write("<br> after  <br>");
         return result;
      }
   }
//////////////////////////// test ////////////////////////////
   var proxy = new Proxy();
   proxy.call(Target, "doSomething");
</script>
```

Result:

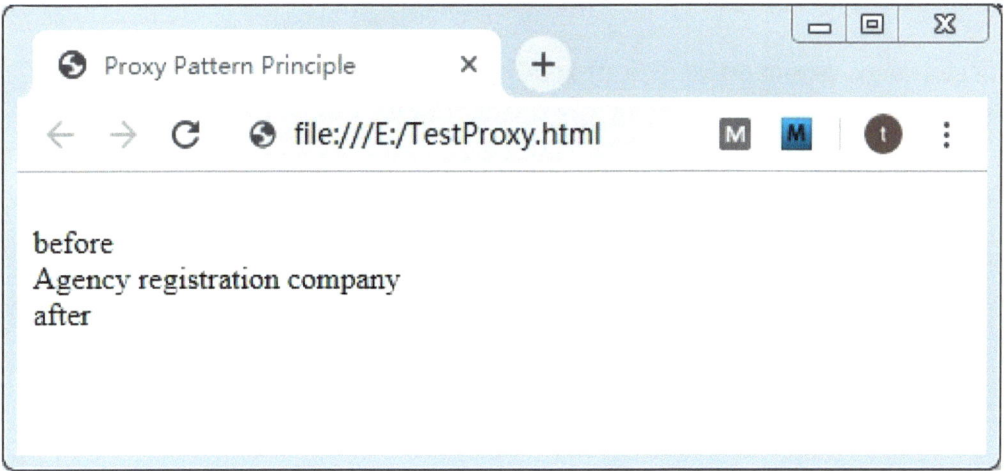

Proxy Pattern Case

When loading a large image, preload the default small icon through the proxy, waiting for the big image to be loaded, immediately display the large image.

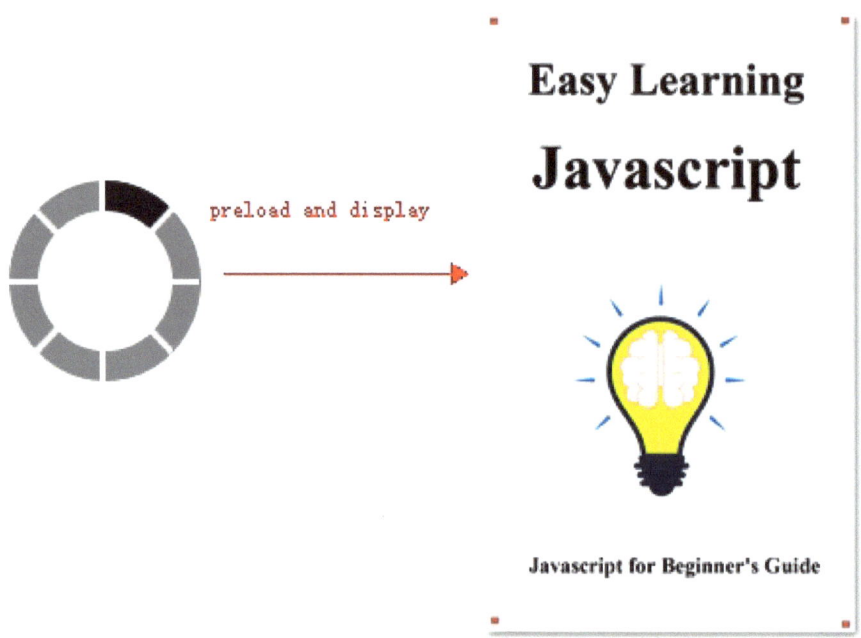

UML Diagram

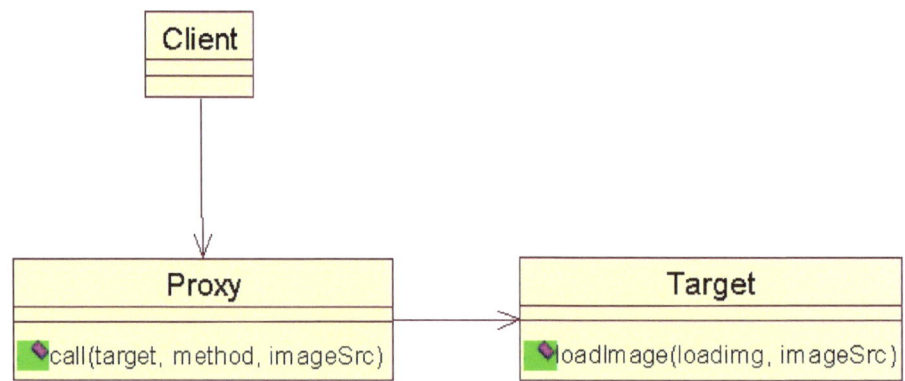

1. Create a TestProxyCase.html with Notepad and open it in your browser

```html
<div id="image">

</div>

<script type="text/javascript">
  var Target = {
    loadImage: function (loadimg, imageSrc) {
      var img = document.createElement('img');
      img.src = imageSrc;
      img.onload = function(){
        //Once the image is loaded, it will be displayed immediately
        loadimg.src = img.src;
      }
    }
  }

  function Proxy(){
    this.call = function(target, method, imageSrc){
      //preload image
      var img = document.createElement('img');
      img.src = "images/loading.gif";
      document.getElementById("image").appendChild(img);

      result = target[method](img, imageSrc);
      return result;
    }
  }
  ///////////////////////////// test /////////////////////////////
  var proxy = new Proxy();
  proxy.call(Target, "loadImage", "images/javascript.jpg");
</script>
```

Thanks for learning, if you want to learn web coding, please study book
https://www.amazon.com/dp/B08D4Y5454

If you enjoyed this book and found some benefit in reading this, I'd like to hear from you and hope that you could take some time to post a review on Amazon. Your feedback and support will help us to greatly improve in future and make this book even better.

You can follow this link now.
http://www.amazon.com/review/create-review?&asin=1099972590

Different country reviews only need to modify the amazon domain name in the link:
www.amazon.co.uk
www.amazon.de
www.amazon.fr
www.amazon.es
www.amazon.it
www.amazon.ca
www.amazon.nl
www.amazon.in
www.amazon.co.jp
www.amazon.com.br
www.amazon.com.mx
www.amazon.com.au

I wish you all the best in your future success!

www.ingramcontent.com/pod-product-compliance
Lightning Source LLC
Chambersburg PA
CBHW041313180526
45172CB00004B/1076